Préface

Les enseignements du Vidyadhara Chögyam Trungpa Rinpoché sont issus des lignées *kagyü* et *nyingma* du bouddhisme tibétain. Ils se divisent en trois grands *yanas* ou véhicules : le hinayana, le mahayana et le vajrayana ou tantra. La vision, la pratique et l'action reliées à ces enseignements trouvent leur point culminant dans le vajrayana, qui représente d'autre part sa plus grande puissance et son expression ultime.

Dans les deux séminaires réunis ici, le Vidyadhara explique certains aspects fondamentaux du principe du mandala dans le vajrayana. Même s'il s'adressait à un public composé surtout de débutants et de quasi-débutants, il était résolu à pousser le cri victorieux de la vision ultime et à livrer aux personnes qui avaient décidé de le suivre, ou songeaient à le faire, un aperçu de la profondeur et de l'immensité des enseignements de sa lignée. Pour les communiquer à des débutants, il était dès lors nécessaire de contourner la complexe armature traditionnelle de termes bouddhiques employés habituellement pour décrire ces enseignements et de condenser en des images très simples de multiples niveaux de sens, évoquant ainsi sur-le-champ la notion de mandala, dans une langue telle qu'on la parle quotidiennement en Occident.

Lorsqu'il aborde le principe du mandala, le Vidyadhara demande aux étudiants de s'ouvrir à une sensation la peur, on cherche à éviter « cela », et dans le cas de la colère, à le détruire. Du point de vue ultime de l'ego, la forme, le poids et la couleur des projections du « ceci et cela » n'ont aucune importance ; tout ce qui compte c'est de maintenir l'illusion du « ceci et cela » à tout prix. Cette realpolitik cynique est le degré ultime de connaissance de soi auquel accède l'ego, et il est ironique de constater qu'elle frôle la perspective globale du mandala.

Le Vidyadhara maîtrisait incomparablement l'art de transmettre les enseignements les plus obscurs dans les mots du quotidien, sur le vif. Les deux séminaires réunis ici en constituent d'excellents exemples. Le lecteur à la recherche d'enchaînements conceptuels conventionnels risque à l'occasion d'être déçu. Par contre, il pourra se consoler avec le trésor qu'est cette suite intarissable de répliques où le Vidyadhara vise au cœur même de l'expérience.

Au moment de préparer la copie de ces textes difficiles, transcrits de bandes magnétiques, j'ai eu la chance de consulter une version mise au point en 1976 à New York par un groupe d'étudiants du Vidyadhara. Elle m'a été fort utile et je tiens à exprimer ma reconnaissance envers ceux qui m'ont précédé dans ce travail.

Sherab Chödzin,
Nouvelle-Écosse, 1990.

PREMIÈRE PARTIE

Le mandala de l'énergie inconditionnée

Karmê-Chöling, 1972

D. R.

1
Le chaos ordonné

La manière dont le principe du mandala a été expliqué semble reposer sur un grand nombre de malentendus. C'est la raison pour laquelle il vaut la peine d'approfondir davantage la notion de mandala : qu'est-ce qu'un mandala, pourquoi y a-t-il un mandala, comment est le mandala. Pour ce faire, nous allons devoir travailler sur les situations de la vie, sur notre existence, sur l'ensemble de notre être.

Pour commencer, il faut examiner l'idée de chaos ordonné, qui est le principe du mandala. Celui-ci est ordonné parce qu'il présente une structure ; et il est chaos dans la mesure où travailler sur cet ordre est désorientant.

Le principe du mandala comprend en fait deux mandalas égaux et réciproques : le mandala du samsara et le mandala du nirvana[1]. Si nous ne comprenons pas l'aspect samsarique du mandala, il n'y a pas d'aspect nirvanique du tout.

Si je dis que le chaos est ordonné, c'est que notre confusion est méthodique. En d'autres termes, elle est voulue. Elle est voulue parce que nous décidons de nous évader de nous-mêmes intentionnellement. Nous

1. Le samsara est la ronde des naissances, des morts et des renaissances, dont les caractéristiques sont la souffrance, l'impermanence et l'ignorance. Le nirvana est l'illumination ou l'extinction des causes de l'existence samsarique.

décidons de boycotter la sagesse et l'éveil. Nous voulons continuer à nous livrer à nos marottes, qui sont la passion, l'agression et autres choses de ce genre. C'est pour cela que nous créons un mandala, un cercle auto-existant. Nous créons d'abord l'ignorance[1] de façon délibérée, puis nous créons la perception, le nom et la forme, les consciences sensorielles, le contact, la sensation, le désir, la copulation, le monde de l'existence, la naissance, la vieillesse et la mort[2]. C'est ainsi que nous créons le mandala de notre existence quotidienne telle qu'elle est.

J'aimerais vous présenter le principe du mandala dans cette perspective quotidienne pour qu'il devienne quelque chose qui se laisse travailler et non pas purement une forme de philosophie ou de psychologie, une version bouddhique de la théologie. Dans cette optique, le chaos ordonné est ordonné, car c'est nous qui jetons les

1. Le mot « ignorance » est connoté différemment en français et en anglais. Alors qu'en français *ignorer* signifie « ne pas savoir », en anglais *to ignore* veut dire « ne pas tenir compte de, fermer les yeux sur, faire semblant de ne pas s'apercevoir de ». Si l'on fait semblant de ne pas voir quelqu'un pour ne pas avoir à lui adresser la parole, en anglais on dit qu'on l'ignore. Malgré la différence très importante d'intentionnalité, les milieux bouddhistes ont consacré l'usage du terme « ignorance » dans son acception anglaise *(N.d. T.)*.

2. Ce sont les douze nidanas, les maillons de la causalité qui perpétuent l'existence karmique. Ils sont énumérés dans un ordre conventionnel : ignorance (sanskrit *avidya*, tibétain *marikpa*), accumulation impulsive (S. : *samskara*, T. : *duje*), conscience (S. : *vijñana*, T. : *nampar shepa*), nom et forme (S. : *nama-rupa*, T. : *ming dang zuk*), les six consciences sensorielles (S. : *shad-ayatana*, T. : *kyeché druk*), contact (S. : *sparsha*, T. : *rekpa*), sensation (S. : *vedana*, T. : *tsorwa*), soif ou désir (S. : *trishna*, T. : *sepa*), saisir (S. : *upadana*, T. : *nyewar lenpa*), devenir (S. : *bhava*, T. : *sipa*), naissance (S. : *jati*, T. : *kyewa*), et finalement vieillesse et mort (S. : *jara-marana*, T. : *gashi*).

bases de ce mandala ; nous l'abordons comme le terrain où se déroule notre jeu d'hypocrisie et de désorientation. Connu sous le nom d'ignorance, ce jeu en comprend en effet trois sortes : l'ignorance qui s'ignore elle-même, l'ignorance qui naît à l'intérieur, et l'ignorance de la compulsion ou ignorance de la mesure immédiate. Dans ce troisième type d'ignorance, comme on se sent séparé de son terrain de base, on a l'impression de devoir agir sans délai pour corriger cet état de choses.

Dans la mesure où le mandala surgit de notre ignorance et de notre confusion, il est inutile d'en discuter à moins de savoir qui nous sommes et de comprendre ce que nous sommes. Ce n'est qu'à partir de ces fondements que nous pourrons étudier le mandala. Il ne sert à rien de parler de divinités, de dire que telle divinité est placée à tel endroit de la représentation du mandala[1] et de nous entretenir des principes qui pourraient éventuellement nous sortir de la confusion et nous permettre d'atteindre l'éveil. Vouloir d'ores et déjà aborder de tels thèmes serait ridicule. C'est même tout à fait exclu, car il nous faut d'abord comprendre ce qu'est un mandala, savoir pourquoi il y a un mandala et, enfin, pourquoi existe la notion même d'éveil.

L'idée d'éveil naît de la confusion. Quand nous éprouvons de la confusion, il y a un autre aspect qui fait contraste : c'est l'éveil. Il nous faudra adopter une approche strictement scientifique : si la confusion existe, alors l'éveil existe, c'est pourquoi la confusion existe. C'est sur cette polarité que nous allons devoir travailler.

Au départ, il y a une notion d'espace qui est toujours présente. Cette notion d'espace se produit parce que

1. Le mandala est généralement représenté sous forme schématique avec une divinité centrale, personnification de la santé fondamentale de la nature-de-bouddha. La structure de base de cette représentation est un palais comportant une cour centrale et quatre portes orientées aux points cardinaux.

l'espace est délimité par une ligne de démarcation. Prenons un exemple concret : si nous avions une parcelle de terre et que nous voulions proclamer de façon définitive le fait qu'elle nous appartient, il nous faudrait la clôturer. La présence de la clôture signifie que cette zone nous appartient et que c'est en ces termes que nous voulons aborder les choses. Dans cet esprit, nous nous installons sur notre parcelle de terre, nous adoptons une certaine conduite à son égard, et nous commençons à la posséder. Elle nous appartient. A partir de là, nous exacerbons à tel point ce sentiment de possession qu'il devient absolument impossible de continuer à travailler de cette façon-là. L'espace de ce terrain est devenu solide : c'est *notre* champ, il *nous* appartient complètement. Tout ce secteur est à *nous*. Ce sentiment du « mien » nous rend automatiquement possessifs et nous porte à nous accrocher aux choses, à nous y cramponner. En nous accrochant à notre parcelle nous solidifions la terre qui nous appartient. Nous la rendons solidement nôtre, nous en faisons de la terre solide, de l'espace solide. Nous figeons tout l'espace.

Alors, la seule chose avec laquelle nous pouvons continuer à entretenir un rapport est la ligne de démarcation, la clôture. C'est notre dernier espoir. Nous commençons à l'examiner de plus près afin d'approfondir notre rapport avec elle. Peut-être cette clôture que nous avions érigée au tout début contient-elle un peu d'espace. Nous nous efforçons donc de la ronger comme un ver, cherchant à la fois plus de territoire et plus d'espace. Le rapport que nous avons établi avec notre espace fondamental ne nous permettant pas de le voir comme ouverture, nous transformons les limites en espace. Du coup tout chavire, c'est comme passer d'une épreuve positive à un négatif : tout ce qui était noir devient blanc et tout ce qui était blanc devient noir. Le seul moyen qui reste d'entretenir le rapport établi se fonde sur l'espoir que la clôture renferme de l'espace, qu'elle ne soit pas solide mais creuse. C'est ainsi que nous organisons une situation de mandala dès le départ, à partir de la confusion de notre esprit.

Malheureusement, il ne sert à rien de penser que tout est merveilleux et sensationnel, comme dans une extase planante où tout est amour et lumière. Ce serait parfaitement ridicule, si vous me permettez l'expression. Et très peu pratique, d'ailleurs. Si nous voulons solidifier toute l'étendue dont nous disposons, alors il faut établir un rapport avec d'autres régions qui, dans cette optique, pourraient être de l'espace. Bien aborder l'étude du mandala suppose cette question : sommes-nous capables de le voir comme espace ou, au contraire, avons-nous figé cet espace et traité la situation qui l'entoure comme de l'espace ouvert ?

En fait, tout cela pourrait être assez malléable, car, si le nirvana existe, il va de soi que le samsara existe aussi. Sommes-nous prêts à entretenir un rapport avec les deux en même temps, ou allons-nous prétendre que seul le nirvana se laisse travailler alors que le samsara est à rejeter et à détruire ? Cette dernière approche simpliste est non seulement source de confusion, elle est aussi une forme d'auto-destruction. C'est pourquoi à l'heure d'aborder le principe du mandala il faut savoir si on a la base nécessaire pour le faire. Quel est ce terrain de base ? Est-il de l'espace solide ou, au contraire, de l'espace-espace ?

ÉTUDIANT : Je ne comprends pas ce qu'est un mandala.

TRUNGPA RINPOCHÉ : C'est l'espace dans lequel on peut créer une situation fondée soit sur un territoire, soit sur les limites de celui-ci, selon qu'on veuille voir l'espace comme espace ou comme quelque chose de solide, et qu'on veuille voir les limites comme espace, ou l'inverse. C'est comme ça que ça marche.

ÉTUDIANT : Quand vous parlez des limites du mandala, j'ai l'impression que vous parlez de nos limites à nous et du mandala que nous sommes. Explorer les limites du mandala, n'est-ce pas un peu comme explorer nos propres limites ?

T. R. : Cela dépend de votre attitude par rapport à l'espace, de votre façon de le voir.

ÉT. : Pour moi, l'espace est plutôt solide.

T. R. : Alors ce sont les limites qui deviennent espace, ce qui aboutit à une lutte énorme.

ÉT. : La lutte se produit parce qu'on sépare l'espace et la solidité ?

T. R. : C'est comparable à la méthode de la cire perdue utilisée par certains artisans. On s'attend à ce que la cire elle-même serve d'expression, alors qu'en réalité c'est ce qu'on verse dans le moule. C'est exactement la même chose. L'expérience se transforme en claustrophobie intense. Naturellement. Il s'agit alors de savoir si on accepte cette claustrophobie telle qu'elle est ou pas.

ÉT. : On éprouve de la claustrophobie parce qu'on est entouré d'une limite ?

T. R. : Oui.

ÉT. : Quelle est cette limite ?

T. R. : Vous le savez aussi bien que moi.

ÉT. : Êtes-vous en train de décrire une configuration d'énergie, en quelque sorte ?

T. R. : Eh oui, c'est évident. De l'énergie est en jeu lorsqu'on touche la texture des choses telles qu'elles sont. Mais ici, il s'agit plutôt de savoir si nous sommes disposés à entrer en rapport avec l'espace ou si nous sommes au contraire aux prises avec les limites. Ou encore, sommes-nous prêts à laisser tomber toute cette histoire d'espace et de limites et à nous ouvrir au terrain de base ?

ÉT. : Le terrain de base et l'espace ne sont-ils pas pareils ?

T. R. : Tout dépend de la façon dont on les voit.

ÉTUDIANT : Pourquoi le mandala est-il nécessaire ? Ne peut-on pas très bien s'en passer ?

T. R. : D'accord, c'est vrai, on n'en a nullement besoin. Il est inutile. Mais même cela devient un mandala.

ÉT. : Qu'est-ce qui devient un mandala ?

T. R. : L'inutilité même du mandala devient mandala. Voyez-vous, il ne s'agit pas ici d'un principe conceptuel, mais de ce qui est. Nous ne sommes pas obligés de l'appeler mandala, ni même de lui donner un nom. Mais cela se produit tout de même.

ÉT. : S'agit-il d'une énergie organisée ?

T. R. : Bien sûr. De toute manière, il y a là une certaine unité et une sorte de dynamique. Le mandala n'est peut-être pas important, mais il *se produit*.

ÉT. : Alors, vous voulez dire que si le rapport qu'on entretient avec l'espace repose sur la sensation qu'il est solide, et qu'on essaie de ronger les limites de l'intérieur, on ne perçoit pas les choses comme un mandala ; et, qu'au contraire, si le rapport s'établit avec l'aspect spacieux et ouvert de l'espace, on est en mesure de l'appréhender comme mandala ?

T. R. : Cela dépend de vous. Cela dépend entièrement de vous. On ne peut avoir recours à aucune espèce de définition philosophique. Notre intention ici n'est pas de forger un ensemble immuable de notions et de modèles, d'idéologies ou de théologies. Il ne s'agit pas de nous faire une idée bien arrêtée de ce qu'est le mandala et de ce qu'il n'est pas, mais au contraire d'établir un lien avec ce que pourrait être le mandala, avec ce qu'il est en puissance. Aucun dogme n'est proposé pour l'instant. Il s'agit bien plus d'élaborer une base de travail qui nous permettra de collaborer.

ÉT. : S'agit-il d'une façon de regarder le monde ?

T. R. : Oui, si vous voulez. Mais ce serait plus exact de dire que c'est unc façon de *voir* le monde.

ÉT. : Y a-t-il à la fois un mandala collectif et un mandala individuel, si bien que chacun d'entre nous…

T. R. : Absolument. C'est ainsi que nous percevons le monde.

ÉT. : Alors notre propre mandala personnel peut changer à mesure que nous transformons notre conscience et notre façon de le voir.

T. R. : Nous ne pouvons *transformer* notre conscience, celle-ci *évolue*.

ÉTUDIANT : Pourrions-nous créer un mandala pour ce séminaire ?

T. R. : Oui, mais on ne peut pas limiter le principe du mandala à une chose bien précise. Nous sommes en train de parler de la totalité dans un brin d'herbe. L'herbe qui pousse, est-elle solide ? Ou bien est-ce de l'herbe creuse au milieu d'un espace solide ? Comprenez-vous ? Est-ce que quelqu'un pourrait expliquer ?

ÉT. : C'est comme le rapport entre la forme et le fond : l'herbe serait la forme et…

T. R. : Oui. Donc, allons-nous décrire l'herbe comme un objet qui fait saillie dans l'espace, ou bien allons-nous dire que l'herbe est espace et ce qui l'entoure est solide ? Voyez-vous ce que je veux dire ?

ÉTUDIANT : Est-il plus exact de dire que le brin d'herbe est creux et que ce qui l'entoure est solide ? Est-ce une manière plus précise de décrire les choses telles qu'elles sont ?

T. R. : En effet, je crois que c'est plus juste.

ÉTUDIANT : Est-ce comme la différence qu'il y a entre prendre les choses isolément et les considérer dans le cadre où elles s'insèrent ?

T. R. : Cela revient au même, puisque les deux situations sont interdépendantes. On ne peut avoir l'une sans l'autre.

ÉTUDIANT : Je ne comprends pas ce que vous voulez

dire par « laisser tomber toute cette histoire d'espace et nous ouvrir au terrain de base ».

T. R. : Cela revient à tout laisser tomber, y compris les deux éléments interdépendants : l'herbe comme espace et l'herbe comme objet.

ÉT. : Il faut tout abandonner ?

T. R. : Il faut abandonner *tout* ce territoire. Ce n'est qu'alors que vous aurez la possibilité d'une base de travail complète. Dans la tradition tantrique, au stade du kriyayoga, on suggère de préparer un mandala avec les « cinq ingrédients de la vache »[1], qui sont la morve, la merde, la pisse, le lait, etc. C'est avec ces ingrédients-là qu'il faut nettoyer le champ sacré, en transcendant les discriminations. Ayant nettoyé complètement le champ sacré avec ces cinq ingrédients de la vache, on peut alors y bâtir un mandala, faire une peinture de sable, ou tracer des traits. D'un point de vue tantrique, c'est la seule situation qui se laisse travailler : ayant détruit ou vaincu tant l'espace creux que l'espace solide, on peut enfin créer le vrai mandala, le mandala absolu.

Ce ne sont pas purement des superstitions, vous savez, ces idées du kriyayoga sur les cinq ingrédients de la vache. La vache appartient à la terre. Elle broute, elle s'assoit, elle chie, elle mange de l'herbe, elle vit sur la terre. Elle a les qualités d'un taureau assis[2]. Et les cinq ingrédients en question proviennent de cette vache, ou de ce taureau assis. C'est quelque chose de très puissant que d'enduire tout le monde phénoménal de cette morve, de ce lait, de cette pisse, de cette merde et de tout le reste. C'est formidable ! Ça égalise tout. C'est merveilleux !

1. Le kriyayoga met l'accent sur la pureté et le fait que tous les phénomènes se caractérisent par leur pureté inhérente, leur nature sacrée et l'absence de fixations.

2. « Sitting Bull » (Taureau-Assis) est le nom d'un célèbre chef et guerrier sioux du XIXe siècle auquel le Vidyadhara a déjà fait allusion ailleurs *(N.d. T.)*.

ÉTUDIANT : La base dont vous parlez, est-ce la voie du milieu ?

T. R. : Non, je n'irais pas jusqu'à dire que c'est la voie du milieu. Elle n'a rien de moyen, elle est tout simplement *la* base, absolument intransigeante. Elle n'est pas au milieu, elle est *la* base. Cela n'a rien à voir avec la notion de milieu.

ÉT. : Alors cela équivaut à ne pas s'accrocher à quoi que ce soit ?

T. R. : Oui, on pourrait le dire, mais laissez-moi expliquer le contexte où s'insère le principe du mandala. Ce principe fait partie de la situation tantrique, de l'approche tantrique. Ce n'est ni du madhyamaka ni du principe de shunyata[1] que nous traitons ici ; nous examinons l'existence fondamentale des choses telles qu'elles sont : comment nous survivons, comment nous vivons. Cela empêche d'ailleurs les choses de devenir trop philosophiques. Ici il ne s'agit pas de la voie du milieu, mais de la voie de la totalité. C'est une façon très implacable d'approcher les choses telles qu'elles sont. Il n'y a pas de voie du milieu. C'est impitoyable.

ÉTUDIANT : J'ai l'impression que nous sommes encore loin d'avoir compris le madhyamaka comme il faut. Alors comment travailler sur ce que vous venez de nous enseigner sans le fausser ?

T. R. : Il est théoriquement possible de le faire, mais, du point de vue de la pratique, vous devez d'abord vous asseoir et méditer, travailler sur vous-même à un niveau fondamental. Pour l'instant, je vous parle du chaos qui pourrait se produire éventuellement, du chaos ordonné qui pourrait survenir à mesure que vous progressez sur la voie. Ce séminaire peut être considéré comme une mise en garde : quelqu'un qui n'a pas encore appris à conduire

1. Madhyamaka : école du mahayana fondée sur la doctrine du shunyata, qui souligne le fait que tout cadre conceptuel est totalement vide de « réalité ».

peut quand même étudier le code de la route et le fonctionnement d'une voiture. Il est possible que le chaos – le chaos ordonné – se produise dans une telle situation.

D'ailleurs, quant à moi, je fais confiance à mon public américain, à ceux qui suivent déjà la voie et à ceux qui songent à la suivre. Je me sens assez courageux pour leur expliquer la voie, car je me sais capable d'établir un rapport avec eux et de leur expliquer toutes les possibilités d'ordre et de chaos. Il me semble que, si je leur en parle, cela pourra faire jaillir des étincelles d'éveil dans leur cheminement. Mais, pour l'instant, nous sommes simplement en train de préparer le terrain plutôt que de donner des instructions à mettre en pratique immédiatement. Vous devez d'abord vous engager dans la voie, vous soumettre à elle. Pour commencer, vous devez prononcer le vœu de refuge, devenir des réfugiés, abandonner tout. Ensuite, vous devez être prêts à assumer les responsabilités d'un bodhisattva[1]. Ce n'est qu'après que vous pourrez recevoir les enseignements tantriques. Pour l'instant, nous en sommes encore loin, mais il n'en demeure pas moins utile de jeter un regard sur ces possibilités qui pourraient se concrétiser pour chacun d'entre nous.

ÉTUDIANT : Le terrain de base apparaît-il quand on oublie « ceci » et « cela », quand on laisse tomber la discrimination ? C'est cela que vous voulez dire ?

1. Le bodhisattva est quelqu'un qui s'est engagé dans la voie mahayana de la compassion et qui pratique les six paramitas, à savoir : la générosité (S. : *dana*, T. : *jinpa*), la discipline (S. : *shila*, T. : *tsültrim*), la patience (S. : *kshanti*, T. : *söpa*), l'effort (S. : *virya*, T. : *tsöndrü*), la méditation (S. : *dhyana*, T. : *samten*) et la connaissance (S. : *prajña*, T. : *sherap*). Pour indiquer qu'on assume les responsabilités d'un bodhisattva, on prononce un vœu, en présence de son maître, en vertu duquel on se déclare prêt à renoncer à sa propre illumination, quitte à l'atteindre, afin de pouvoir travailler pour tous les êtres sensibles.

T. R. : Oui.

ÉT. : Et c'est une expérience et non pas simplement de la théorie.

T. R. : Oui.

ÉT. : Comment savoir qu'on en fait l'expérience ?

T. R. : Cela dépend entièrement de vous.

ÉT. : J'ai l'impression qu'on pourrait se leurrer quelque peu.

T. R. : Quand on a une expérience totale et complète des choses, cela signifie qu'on a usé son point de référence. L'expérience est totale.

ÉT. : Usé son point de référence ?

T. R. : C'est comme si on était complètement mort, ou du moins mourant. Il est tout à fait impossible de se référer à quoi que ce soit de vivant, car on est réellement en train de mourir. C'est très solide et très simple.

ÉTUDIANT : Il me semble que la chose la plus difficile à surmonter est le sentiment de séparation. N'est-ce pas de cela que vous parlez ? L'interdépendance dépend de la séparation, et si on pouvait la laisser tomber, on pourrait établir un lien avec la totalité. Mais comment faire ?

T. R. : Il n'est pas nécessaire de savoir comment faire. Cela se produit, tout simplement. Le maître et les enseignements ne vous prodiguent pas de soins spéciaux, ils ne vous donnent pas de « compassion idiote ». Vous devez trouver la solution vous-même. Vous devez assumer que vous êtes une personne seule, une personne solitaire même, qui chemine sur la voie.

ÉT. : Pourtant, il me semble que l'idée d'être seul ou solitaire est en contradiction avec l'idée de totalité.

T. R. : Pas du tout. Si vous savez que vous êtes un être solitaire, alors vous sentez la totalité de l'espace dans lequel vous êtes seul ou solitaire. Cela revient au même, c'est tout à fait pareil. Vous ne pouvez pas vous sentir seul à moins de sentir la totalité de la situation.

Aucune aide ne provient d'ailleurs. Vous devez faire votre propre cheminement individuel, qui dépend entièrement de vous. Cela va sans dire.

ÉT. : Alors ce n'est pas tout à fait comme la solitude ordinaire.

T. R. : La solitude ordinaire n'existe pas : la solitude est une seule. Il y a toujours l'espace.

Demain nous allons inaugurer les groupes de discussion, ce qui pourrait s'avérer extrêmement important. Ils vous donneront l'occasion de faire connaissance et d'exprimer votre chaos et votre confusion en ce qui concerne le principe du mandala. Vous allez pouvoir vous ouvrir et communiquer vos idées.

La situation est la suivante : nous avons une guerre entre yogis et philosophes. D'après les yogis, les philosophes racontent des conneries, et les philosophes pensent que les yogis déconnent. Résultat : nous sommes incapables, pour l'instant, d'établir des enseignements complets et vivants, ce qui signifierait ne rejeter ni les uns ni les autres. C'est pourquoi nous allons tenter de créer des liens, de sorte que les philosophes et les yogis puissent comprendre que les deux approches sont valables. Il faut, d'une part, une certaine compréhension théorique et intellectuelle, mais, d'autre part, l'expérience n'en est pas moins importante. Il est réellement possible de combiner ces deux approches.

Un jour, j'espère ne plus avoir besoin d'enseigner des séminaires, car vous serez en mesure de vous aider vous-mêmes. D'ailleurs, vous serez aussi en mesure de développer un bouddhisme nord-américain, de l'enseigner à d'autres et de transmettre les enseignements au reste du monde. En fait, vous aurez même la capacité d'aller voir les Tibétains et les Indiens, de leur montrer ce qu'ils savaient jadis et de travailler auprès d'eux.

Quant à moi, je suis très confiant pour ce qui est de votre participation à ce projet. Je suis très touché que nous puissions enfin travailler ensemble à l'échelle de la santé fondamentale ; nous allons pouvoir jeter des bases solides qui vous permettront d'aider l'ensemble de votre monde, non pas seulement au niveau purement religieux, mais aussi sur le plan des situations concrètes de la vie.

La participation aux groupes de discussion demain sera signe d'acceptation : c'est-à-dire reconnaître que nous allons travailler ensemble, dépasser l'idée que vous êtes venus tout simplement chercher quelque chose, une étincelle de sagesse, pour la rapporter chez vous et en faire peut-être le sujet d'un traité volumineux. Ça ne marche pas comme ça. Il est très important d'échanger. Donc, n'hésitez pas à participer aux groupes de discussion et à la pratique de la méditation avec les membres de notre communauté réunis ici ; cela aussi fait partie du séminaire. Il est indispensable de vous ouvrir aux irritations et aux frustrations qui se produisent au cours de la méditation. Merci beaucoup, et bienvenue à tous et à toutes.

2

La lame du rasoir

Les problèmes que nous avons rencontrés en examinant l'idée du mandala sont le fruit d'une approche excessivement abstraite. Le fait de considérer le mandala comme principe métaphysique ou philosophique nous empêche en effet d'en tirer des leçons. Au moment d'aborder ce sujet de connaissance, nous devons privilégier les méthodes pratiques. Il nous faut trouver une base de travail, ou une manière quelconque de nous identifier avec le principe essentiel du mandala. Il est indispensable de comprendre que ce principe est relié à un processus d'apprentissage et à une pratique, or comme nous l'avons déjà dit, le seul moyen de le faire est de nous mettre en rapport avec la base primordiale sur laquelle repose le mandala.

Le mot *mandala* signifie littéralement « association » ou « société ». Le terme tibétain est *kyilkhor*. *Kyil* signifie « centre » et *khor* signifie « bordure », « gestalt », « périphérie ». C'est une façon d'aborder les choses sous un angle relatif : si cela existe, alors ceci existe, et si ceci existe, alors cela existe. Les choses existent en interdépendance, et cette existence interdépendante des choses se produit sous la forme d'un chaos ordonné.

Il y a toutes sortes de chaos ordonnés. Nous avons le chaos ordonné domestique, le chaos ordonné émotionnel d'une relation amoureuse et le chaos ordonné spirituel. Même la réalisation de l'éveil possède son propre chaos ordonné. Il s'agit donc d'entrer en relation avec différents types de chaos ordonnés.

Cependant, avant de parler de la notion de chaos ordonné proprement dit, nous devons examiner l'environnement général dans lequel se produit le chaos ordonné. Avant même de nous rendre compte que quelque chose est ordonné ou chaotique, il existe une sorte de terrain de base sur lequel le chaos surgit constamment, avec l'ordre et la dynamique qui lui sont propres. C'est cette base qui nous intéressera maintenant dans notre étude du mandala. La manière dont nous pouvons nous éveiller, pratiquer et aborder les situations de la vie quotidienne est reliée à la possibilité de voir cette base.

J'aimerais répéter, pour que ce soit bien clair, que nous ne pouvons pas étudier les aspects supérieurs du principe du mandala sans avoir au moins une certaine compréhension du mandala du samsara ou de la confusion, qui est le niveau confus du chaos ordonné. L'idée essentielle est que notre existence s'accompagne toujours d'un sentiment de lutte. Nous nous efforçons soit de vaincre les gens, soit de les gagner à notre façon de voir ; nous voulons soit nous débarrasser de nos ennemis, soit reconnaître nos amis. Que nous habitions en ville ou à la campagne, nous cherchons toujours à lutter avec notre milieu ou bien à nous y complaire. Les domaines dans lesquels nous faisons les difficiles en nous livrant au jeu de la sélection sont innombrables.

Voilà donc la zone générale dans laquelle se produit le chaos ordonné. La spiritualité, d'un point de vue superficiel, consiste à rendre les choses harmonieuses. Cependant, cette approche ne s'applique pas au principe du mandala, et pour cause : il ne s'agit pas de rendre les choses plus harmonieuses et moins actives, mais d'entrer en relation avec tout ce qui se passe, avec ces luttes et bouleversements reliés aux efforts pour survivre, pour gagner plus d'argent, pour avoir plus à manger, un plus grand logement, plus d'espace, un toit sous lequel s'abriter et ainsi de suite. Si nous habitons en ville ou dans certaines banlieues, cela peut devenir terriblement oppressant. Nous finissons par nous habituer aux possibilités de viol et de meurtre, et les choses semblent arriver d'elles-mêmes, mais nous ne savons jamais où tout cela a commencé, comment cela va finir ni comment procéder.

Dès que nous nous réveillons le matin, nous constatons que nous sommes prêts à nous battre avec le monde. Le petit déjeuner est le préambule au combat, une espèce de potion magique qui nous permet de lutter contre le monde, et après le repas nous nous lançons à l'attaque. Il y a quelque chose d'intéressant et même de très beau dans la simplicité de cette préparation au combat suivie de cette plongée dans la bataille. Nous nous disposons soit à nous faire attaquer et à devoir nous défendre, soit à attaquer quelqu'un d'autre qui devra se défendre à son tour. Nos rencontres s'articulent donc autour d'une lutte et, quelle que soit notre mentalité, le tableau d'ensemble est une scène de bataille, avec des défaites et des victoires. Cette mentalité profonde existe, tant à la ville qu'à la campagne. Elle se perpétue constamment. De cet environnement global se dégage une impression de lutte abstraite.

Il ne s'agit d'ailleurs pas d'une lutte pour atteindre un objectif spécifique, pour faire valoir des revendications syndicales, par exemple ; c'est plutôt la sensation d'être complètement emprisonné. C'est la sensation d'avoir été capturé par le monde et d'être obligé d'y vivre, de devoir lutter comme si l'on était derrière des barreaux d'acier. Cette impression d'emprisonnement est toujours présente. C'est la base profonde du mandala, avant même que le chaos ordonné se produise.

Il y a donc cet environnement global de dépression ou

d'exaltation, qui exprime soit la richesse, soit la pauvreté ; quelque chose nous retient à cet endroit. La totalité fondamentale de cette grisaille – ou de ce monde en noir et blanc, c'est selon – ne manque pas d'intérêt ; elle est même extraordinairement belle, si je puis m'exprimer ainsi. Je ne veux pas dire par là que l'expérience soit purement agréable, mais qu'elle repose sur quelque chose de profondément éveillé et alerte. Tout le monde est alerte, prêt à se battre, à attaquer, à gagner de l'argent, à lutter avec les situations de sa vie d'une façon ou d'une autre. Il y a cette énergie totale et intégrale dans laquelle nous fonctionnons. Nous avons toujours le sentiment que quelque chose est sur le point d'arriver. C'est comme si un réseau clandestin avait fait circuler la nouvelle et chacun avait déjà décidé de parer à toute éventualité. On a sonné partout l'alerte, et un cortège de possibilités négatives ou positives nous danse vaguement sous les yeux – un don de Dieu, peut-être, ou des possibilités de chaos. Nous pouvons envisager les choses du point de vue de la joie ou du découragement éventuels. C'est cette danse vacillante qui constitue la toile de fond de notre situation.

Si je parle de tout cela, c'est parce que la situation que je viens de décrire n'est pas de l'espace solide. C'est de l'espace réel, et nous avons toujours accès à une sensation d'espace ; un certain élément de libre arbitre est toujours présent. Même si nous nous sentons emprisonnés, obligés de faire certaines choses, nous n'en éprouvons pas moins le sentiment qu'aussi bien la décision que l'espace – la sensation d'espace, la sensation qu'il se produit quelque chose – nous appartiennent. Bien entendu, il s'agit là d'une notion très abstraite, très difficile à saisir.

Cette énergie totale – totalement créatrice, totalement destructrice – est ce qu'on pourrait appeler l'immédiateté. L'immédiateté est le sentiment d'être en harmonie avec ce qui se passe : le passé est une fiction, l'avenir un rêve, et la vie se déroule sur le fil d'une lame de rasoir. Elle est terriblement tranchante, cette lame, terriblement incertaine et oscillante. On tente d'établir une base, mais le sol n'est pas suffisamment solide, il est trop coupant, et on oscille entre cela et ceci.

Vivre sur le fil de la lame équivaut à vivre en même temps dans l'espace total, car la possibilité que la lame nous coupe en deux, qu'elle nous détruise est bel et bien là, tout comme la possibilité d'éviter la coupure. Mais, à ce stade, les deux possibilités reviennent au même. La sensation de tranchant de la lame est extrêmement intéressante ; c'est ce qu'on appelle intelligence primordiale. Nous sentons le bord coupant de la lame, son tranchant. Nous devinons sa présence, nous sentons son tranchant, et nous tentons d'y échapper. Nous aimerions mieux nous asseoir ou nous jucher sur quelque chose de plus solide, comme le siège du cabinet de toilette par exemple, quelque part où il n'y a pas de lame de rasoir. Mais quand nous sommes sur le fil de la lame, une telle invitation n'est plus que de la fantaisie. Notre intelligence primordiale commence à deviner l'existence de toutes sortes de domaines qui sont à la fois impossibles et quand même relativement possibles. Cela arrive tout le temps.

On pourrait dire que le fait qu'on ne nous ait pas offert un siège de cabinet confortable sur lequel nous percher est un don de Dieu. On nous a présenté au contraire une lame de rasoir en guise de siège. Impossible de se percher sur une lame de rasoir, on ne peut qu'y *être*, en restant attentif. La lame de rasoir est une expression de l'espace de tous les autres domaines. Il se peut que les autres endroits soient menaçants et que la lame de rasoir devienne un lieu confortable sur lequel s'asseoir, comme il se peut que les autres endroits soient accueillants et que la lame soit menaçante. Quoi qu'il en soit, ce qui compte c'est la sensation d'être pleinement là, sans une once d'hésitation. Toute la situation devient extrêmement puissante et spacieuse, ce qui correspond à l'aspect éveillé ou transcendant du mandala.

Aussi bien l'aspect éveillé du mandala que le tourbillon, ou aspect samsarique, se déroulent sur la même lame de rasoir. Mais, en fait, il n'y a pas qu'une seule lame. Le chemin est jonché de lames de rasoir, au point que nous ne savons plus où mettre les pieds. Nous voudrions peut-être léviter comme les yogis pour planer au-dessus de ces lames, mais nous constatons que nous n'avons pas encore acquis ce pouvoir. Et, si nous l'avions acquis, il est probable qu'il n'y aurait pas de lames de rasoir, car le pouvoir de lévitation et l'absence de lames de rasoir reviennent au même.

Cette qualité tranchante de lame de rasoir est plus que de l'irritation psychologique : la vie dans son ensemble devient aiguë et pénétrante, inévitable et coupante. On pourrait dire que c'est là une description très vive de la vérité selon laquelle la vie contient de la souffrance. Selon le bouddhisme, en effet, la vie ou l'existence sont définies en fonction de la vérité de la souffrance, qui est la lame de rasoir. La vérité de l'origine de la souffrance, c'est découvrir qu'il existe une lame. Puis il y a la vérité du but, qui consiste à voir la lame de rasoir comme cheminement, ou à diminuer les effets de la lame. Mais nous ne pouvons recourir à des pouvoirs magiques, nous devons faire face à la réalité dans ce qu'elle a de plus vrai, de façon pleine et directe.

ÉTUDIANT : Nous passons notre temps à ressasser nos souvenirs et à rêver d'avenir. Si j'ai bien compris ce que vous avez dit, plus nous prenons conscience que nous sommes pris au piège de ce processus, plus nous éprouvons la douleur directement. Alors, au lieu de nous efforcer de l'éliminer, nous devons entrer dedans. Nous devons tout simplement voir, de plus en plus clairement, que c'est comme ça que nous sommes. C'est bien cela que vous voulez dire ?

T. R. : L'important, c'est de ne pas philosopher. On peut dire, bien sûr, que la prise de conscience produira tel et tel effet et que, par conséquent, si nous rejetons la douleur, nous aurons du mal, et si nous l'acceptons aussi, d'ailleurs. Mais ce n'est pas sous cet angle-là qu'il faut l'aborder. La douleur possède des niveaux de subtilité très intéressants qu'on pourrait examiner. Tout d'abord, que signifie réellement la douleur pour nous ? S'agit-il de douleur physique ou de douleur psychologique ? La douleur physique est reliée à notre attitude à l'égard du corps et de l'environnement. On pourrait aller jusqu'à dire que la douleur renferme en elle-même une expérience mystique, si je peux utiliser cette expression. En fait, assumer pleinement notre douleur est une expérience des plus profonde, qui nous permet d'en voir l'aspect tranchant, de voir le fil de la lame de rasoir qui coupe les croyances en ceci et en cela. La douleur nous pourfend. Et quand nous faisons réellement et sincèrement l'expérience de la douleur psychologique, telle quelle, nous n'avons plus de place pour élaborer des idées conceptuelles sur ceci et sur cela, tellement notre expérience de la douleur est pleine et vraie.

Il ne s'agit donc pas d'envisager les choses sous un angle philosophique, pensant qu'il faut atteindre un état d'équilibre quelconque, que la douleur est aléatoire et que nous n'avons qu'à l'endurer. Il y a bien plus que cela : il y a une façon intelligente de se conduire à l'égard de la douleur. Si la douleur est là, c'est justement à cause de nous, et pourtant nous essayons de lutter avec elle pour voir qui va gagner : « Allons-nous sortir victorieux ? La douleur va-t-elle l'emporter ? » Ces batailles que nous menons contre la douleur ne sont pas nécessaires. Si nous devenons pleinement douleur au point où il n'y a plus de *nous*, la douleur cesse d'avoir une fonction. Elle n'est qu'énergie, l'acuité des choses. Elle aura quand même le pouvoir de nous couper, mais elle ne sera plus douleur au sens où nous l'entendons.

Dans le fond, le problème vient du fait que nous sommes très loin d'expérimenter la douleur réellement comme douleur. Nous n'expérimentons que le *défi* de la douleur, qui consiste à nous demander si nous pourrons la vaincre. C'est précisément pour cette raison que nous éprouvons de la douleur, car il nous semble que nous allons perdre notre territoire et que la douleur va s'emparer de nous. C'est là que commence la douleur réelle au niveau ordinaire. Par contre, si nous abandonnons la lutte et que nous devenons douleur, complètement, pleinement, alors nous sommes douleur et la douleur est nous-même. C'est exactement ce que voulait dire le Bouddha lorsqu'il parla de *duhkha* comme *vérité* de la souffrance. Il y a une vérité dans la souffrance : une vérité qui existe d'elle-même, plutôt qu'une vérité relative qui relève du domaine de l'observation.

ÉTUDIANT : Alors, si nous avions confiance dans la vérité de la souffrance, il y aurait une transformation ?

T. R. : Oui, en quelque sorte. On pourrait dire que la douleur se transforme en acuité et énergie et qu'elle cesse alors d'être un défi.

ÉTUDIANT : Pouvez-vous expliquer quel rôle jouent le masochisme et l'hypocondrie dans ce contexte ?

T. R. : Aussi bien l'hypocondrie que le masochisme relèvent encore du défi du champ de bataille. Vous vous laissez encore lancer un défi, ce qui n'est pas vraiment s'identifier à la douleur. Vous ne vous occupez que de la périphérie, et vous êtes loin d'expérimenter vraiment la douleur.

ÉT. : Et l'ascétisme ?

T. R. : L'ascète adopte une approche de la douleur tout

à fait différente. Dans ce cas, plutôt que de rejeter la douleur ou de nous laisser décourager par elle, nous nous disons qu'elle nous fait du bien, ce qui est assez intéressant. Cela ressemble à certaines mères qui prennent beaucoup de plaisir à vivre les douleurs de l'accouchement parce qu'elles y voient un sens : elles vont donner naissance. On pourrait prendre aussi la diarrhée comme analogie : on est perché sur sa douleur, mais celle-ci en vaut la peine parce qu'on va se libérer de sa diarrhée, on finira par accoucher de quelque chose, on l'évacuera de son système pour s'en débarrasser complètement. C'est ce genre d'approche à la douleur qui caractérise l'ascétisme : « Cela vaut la peine de faire l'expérience de la douleur. Faisons-la, cette expérience, passons à travers ! » Mais, là aussi, il y a quelque chose de très louche. L'ascèse pour l'ascèse est extrêmement suspecte.

Il y a aussi un autre ascétisme qui est une voie d'ouverture, une expérience pleine de la douleur. En réalité, le jour où on en sera là, c'est qu'on aura déjà dépassé l'ascétisme, on sera devenu un être simple, un *anagarika* ou « sans-foyer ». Mais, à côté des véritables sans-abri, il y a aussi les imposteurs, ceux qui s'attendent encore à ce qu'on tienne compte du fait qu'ils ont quitté leur foyer. En fait, ces gens se sont bâti un nouveau foyer dans lequel s'abriter. C'est une notion très subtile. Être vraiment sans feu ni lieu, c'est tout simplement renoncer sans rien prendre en échange ; se simplifier seulement, sans se demander ce qu'on va obtenir en retour.

ÉTUDIANT : J'ai l'impression qu'il serait très facile de céder à la tentation de se féliciter sur la quantité de douleur qu'on perçoit et qu'on éprouve.

T. R. : Précisément. Vous pouvez voir la douleur comme douleur ou bien comme faisant partie de votre projection, ce qui est tout à fait différent. Si vous considérez la douleur comme un défi qui vient de l'extérieur, un agent externe, tout en vous y abandonnant quand même, c'est suicidaire. Par contre, si vous la regardez comme quelque chose qui est là et qui fait partie de votre état d'esprit, et que vous décidez de ne pas continuer à l'alimenter, c'est une tout autre histoire.

ÉTUDIANT : Vous dites que la douleur est là tout le temps. Est-ce que cela veut dire que, lorsqu'on ne ressent pas de douleur – douleur psychologique, j'entends –, on est plus endormi ? Que le fait de rechercher l'aspect douloureux d'une situation équivaudrait en quelque sorte à aller vers un plus grand éveil ?

T. R. : Oui, probablement. Mais c'est très dangereux ce que vous dites là.

ÉT. : Et la douleur que j'éprouve par rapport à la distance que je perçois entre vous et moi ?

T. R. : C'est la même chose. C'est tout à fait pareil. Vous essayez de vivre avec vos attentes reliées à la manière dont cette douleur pourrait ne pas arriver.

ÉT. : Ou celle que j'éprouve par rapport aux gens qui habitent ici ?

T. R. : Ça aussi, c'est pareil. Il y a quelque chose qui ne vous nourrit pas, qui ne vous réconforte pas. Vous avez l'impression que l'inconfort va vous envahir et vous essayez de vous battre contre ça, au lieu de vraiment vous soucier de la distance qui vous sépare de votre interlocuteur… moi, en l'occurrence. Il me semble que vous n'êtes pas conscient de cette distance au moment où vous éprouvez le problème. C'est alors que votre rapport avec la douleur se transforme en problème, à cause de ce semblant de logique qui flotte dans votre état d'esprit, mais qui n'a vraiment rien à voir avec la situation. Dans cette optique, le problème découle du fait de voir notre douleur comme un problème.

ÉTUDIANT : Êtes-vous en train de faire la distinction entre l'approche active et l'approche passive de la douleur ? Par active, je veux dire essayer de trouver un moyen de réagir à cette douleur pour acquérir un plus grand niveau de conscience, alors que l'approche passive se limiterait à ressentir la douleur.

T. R. : Je crois qu'il n'y a aucune différence entre les deux. Il me semble que cela revient au même parce que chaque fois que la douleur ou *duhkha* se produit, elle a toujours la même nature, le même style et la même approche. L'idée est toujours la même : « Quelque chose va s'emparer de moi et il faut que je résiste ! » C'est alors qu'intervient l'esprit logique : « Ça se produit parce que quelqu'un m'a brimé, m'a maltraité, etc. » En fait, l'esprit logique n'est qu'une façade. Le point crucial semble être la sensation de se faire envahir par quelqu'un et le défi de devoir récupérer le pouvoir sur son être, sa conscience et ses émotions. Et toutes les logiques, comme « il a tué mon père et je dois le tuer à mon tour », tombent à côté. Elles ne sont en fait que des prétextes ; elles n'ont rien à voir avec la douleur. La douleur réelle est l'impression de devoir surmonter ou vaincre quelque chose. Autrement dit, toute l'idée de la douleur consiste à lutter contre soi-même, à opposer son concept à son intellect.

ÉTUDIANT : La souffrance et la misère dans le monde sont, me semble-t-il, réelles, alors que ce dont nous parlons ici serait un peu comme avoir un billet de mille dollars sans pouvoir le dépenser pour pallier cette souffrance. C'est comme si aucun de ces points de vue ne me permettait de faire quelque chose de concret pour soulager la douleur et la souffrance dans le monde.

T. R. : Je crois au contraire que vous pourriez faire beaucoup. Le chaos qu'entraîne cette lutte contre la douleur du monde vient de ce que nous n'avons pas encore fait face à la douleur personnellement. Mais si nous réussissons à comprendre la douleur dans notre propre nature inhérente, nous serons en mesure d'aborder les situations directement et il y aura moins de douleur. La douleur sera purement du chaos, du chaos ordonné.

Il n'est pas nécessaire que la douleur soit présente. Si vous voulez arrêter la guerre au Viêt-nam, vous devez arrêter *votre* douleur, votre version de la guerre du Viêt-nam. Vous devez d'abord faire face à votre propre antagonisme, votre propre guerre innée entre vous-même et vos projections. Si vous résolvez ce problème et que vous entrez en relation avec ce processus de transmutation, il sera beaucoup plus facile de résoudre le problème qui existe sur le plan diplomatique ou international. Le problème ne sera alors qu'un ensemble de cas qui se sont produits selon une logique ordonnée dont le résultat final est le chaos de la guerre. Et puisque c'est toujours le même chaos ordonné qui a cours, on sera en mesure de s'en occuper magnifiquement. Mais, pour l'instant, le problème vient du fait que nous ne sommes pas capables de suivre le fil des événements. Le regard que nous portons sur la scène nationale ou internationale est à ce point voilé par nos projections que nous perdons de vue la situation politique réelle.

ÉT. : En somme, si nous laissons tomber le point de repère du moi et que nous faisons face directement à la douleur, nous finirons par créer moins de douleur.

T. R. : Oui, sans doute, mais si vous comptez là-dessus comme s'il s'agissait d'une promesse ou que vous essayez d'y trouver du réconfort, vous allez tout gâcher.

3
Portrait de l'esprit confus

Nous avons déjà décrit le terrain de base : la lame de rasoir sur laquelle nous sommes assis, domaine de la passion, de l'agression et de l'ignorance, base sur laquelle s'établit et se construit le mandala samsarique. C'est ce mandala samsarique que nous allons maintenant examiner de manière plus détaillée.

Chevaucher la lame de rasoir selon le style de la passion, de l'agression et de l'ignorance crée énormément d'espace pour travailler sur la situation suivante. Il ne s'agit cependant pas de nous débarrasser de quoi que ce soit, ni non plus de devenir meilleurs, mais au contraire de finalement prendre acte de la situation réelle.

Dans le dernier exposé, nous avons abordé les différents styles de base que nous élaborons pour établir un rapport avec les situations courantes de manière à faire place à la névrose que produit l'esprit. Non seulement nous avons inventé toutes sortes de façons de nous percher ou de nous asseoir sur le fil de la lame, mais nous avons également créé le matérialisme spirituel, la nécessité de toujours remplacer un mythe par un autre. De là surgit un élément nouveau qui dépasse ce qui l'a précédé. Un mouvement se dessine nettement dans l'esprit confus, un mouvement qui se conforme au caractère fondamental du mandala : nous décidons de devenir sourds et muets en émoussant notre sensibilité aux situations de la vie. Bref, nous cessons de mettre en question la situation de combat, le fait de toujours nous débattre contre quelque chose. Il nous semble au contraire que, dans cette lutte, nous devrions en avoir pour notre argent ; nous nous sentons obligés de la poursuivre jusqu'à ce que nous touchions notre récompense ou jusqu'à ce que la lutte soit menée à terme. Et puis nous n'allons certainement pas accepter n'importe quoi, car nous avons l'impression d'être trop intelligents pour avoir une foi aveugle dans les choses. Il nous semble devoir tirer profit de la situation, en retirer un bénéfice. Si nous pratiquons la méditation, par exemple, ou que la spiritualité nous intéresse, notre objectif sera d'atteindre l'éveil ; si nous ne l'atteignons pas, nous aurons le sentiment d'avoir été dupés.

Cependant, jusqu'au moment où nous prenons clairement conscience d'avoir été dupés, nous sommes prêts à demeurer sourds et muets. Si quelqu'un nous dit que, pour atteindre l'éveil, nous devons nous tenir en équilibre la tête au sol vingt-quatre heures sur vingt-quatre, nous le ferons. Nous nous réduirons à l'état de sourds-muets tant que nous n'aurons pas obtenu de résultats concrets, tant que nous n'en aurons pas eu pour notre argent. Toutes les promesses qu'on nous fait misent sur ce type d'ignorance[1]. Nous nous laissons aveugler par ces promesses, par leur aspect éblouissant, étincelant, éclatant. Nous nous laissons aveugler par ces promesses et nous vivons la douleur de cet aveuglement. Nous acceptons de nous réduire à l'état de sourds-muets.

C'est cette ignorance qui constitue le noyau central du mandala samsarique. Tant qu'il y aura des promesses qui semblent alléchantes, on sera disposé à y céder. Si l'on entend des « paroles de sagesse » selon lesquelles il vaut la peine de céder, on oublie le chemin

1. Au sens d'ignorance active et voulue (voir note au sujet de ce terme au chapitre 1, p. 16) *(N.d. T.)*.

de l'expérience et on se met à avancer comme un aveugle. On se garde d'être sensible aux situations auxquelles il faut faire face sur la route de la vie.

Cette ignorance est la structure fondamentale du mandala et constitue la base des matérialismes psychologique et spirituel. Le matérialisme spirituel prend naissance parce que l'on est prêt à parier sur toutes sortes de lubies. On est prêt à méditer pendant trois mois sur un grain de sable que l'on tient dans la main, ou alors à jeûner pendant dix mois ; on se fait avoir par une foule de promesses. C'est vrai, si l'on tient sans arrêt un grain de sable dans la main, à la fin de la période imposée, on aura évidemment accompli cela. C'est une réalisation inouïe : on est devenu un porteur de grain de sable illuminé. C'est toute une réalisation, sans l'ombre d'un doute.

Par ailleurs, il y a aussi un élément de matérialisme psychologique ordinaire qui naît de l'expérience du mandala : pour atteindre un but, on est prêt à ne pas tenir compte de la nature du chemin qui y mène, de l'excentricité de la démarche. Par exemple, pour devenir président de la République, il faut se plier à toutes sortes de bizarreries ; il faut notamment faire des tas de promesses, puis changer d'avis continuellement pour séduire l'électorat. On fait tout ce qu'il faut pour gagner, quitte à se rendre ridicule, car, si l'on est prêt à se rendre ridicule, à se couvrir de ridicule même, on pourra devenir président. Cela exige un certain courage, car on accepte de s'impliquer dans ce type de situations et d'entrer dans l'agitation qu'elles suscitent. Il y a plein d'autres exemples auxquels on pourrait penser ; vous connaissez sans doute très bien ce genre d'approche, j'en suis persuadé.

Les expériences excentriques auxquelles on se livre en tant que candidat à la présidence supposent un choix, celui de croire à l'aspect sourd-muet de sa démarche.

On met tout de côté, sauf le résultat final qui consiste à devenir président. Tout ce que l'on doit endurer en cours de route est acceptable. On se ramène à l'état de sourd-muet. On s'endurcit et on se transforme en voyageur aguerri. On a l'impression que cela rend même plus grand, et l'on tend à devenir une espèce de héros à cause de cet endurcissement de sourd-muet. Cette approche occupe le centre du mandala samsarique, dont la périphérie se divise en quatre quartiers.

L'agression est reliée au quartier est du mandala. Telle que nous l'entendons ici, l'agression se fonde sur l'intellect et l'esprit analytique, car il est impossible de se transformer en quelqu'un d'agressif à moins de savoir envers quoi on éprouve de l'agression. En fait, être agressif implique automatiquement une logique. Que cette logique soit logique ou illogique n'a d'ailleurs aucune importance, puisque la logique qu'on adopte repose sur une plate-forme d'atterrissage – sur laquelle on peut atterrir ou s'écraser – qui est l'agression fondamentale. L'agression implique une attitude extrêmement sévère envers soi-même. On n'est pas prêt à se divertir, à s'amuser, à bien se traiter ; loin de là. On mène toujours une guerre entre cela et ceci, et pour vaincre l'antagoniste, quel qu'il soit, on est obligé d'être agressif, de jouer du coude, de se faire valoir sans cesse avec des attitudes dures et des paroles cinglantes. Qu'on soit pris dans le matérialisme spirituel ou le matérialisme psychologique, l'approche est essentiellement la même. Il y a une sorte d'austérité.

On constate en effet que bon nombre des personnages agressifs de l'histoire ont été extrêmement austères. Les êtres agressifs ne se laissent pas divertir. Ils sont prêts à sacrifier leur santé et leur confort, car ils tiennent à être agressifs, bagarreurs, pénétrants, acerbes, destructeurs. Ils préfèrent se cramponner à une telle attitude que de se laisser toucher avec douceur et tendresse. Si quelqu'un essaie de leur manifester de l'amour – en leur passant la main dans les cheveux, par exemple –, ils se sentiront insultés : « Non, mais ! Ne me touchez pas ! J'ai une démarche logique, moi ! Ne vous mêlez pas de mes affaires. » Une telle approche est très individualiste, et on refuse le compromis parce qu'une logique est toujours là à dire oui ou non, sans répit.

Le quartier sud du mandala samsarique est relié à l'orgueil ou fierté[1]. En réalité, c'est plutôt de l'arrogance, une forme d'auto-enrichissement, que de la fierté au sens banal du mot. Quand on dit de quelqu'un qu'il est fier, cela implique en général qu'il possède une certaine confiance en lui. Cependant, la fierté dont il est question ici est dénuée de dignité et de confiance ; c'est simplement de l'affirmation de soi. C'est de l'arrogance, au sens où l'on refuse d'être perçu comme quelqu'un qui a besoin d'aide ou de secours. Au contraire, on veut à tout prix être valorisé, on veut que les gens reconnaissent notre richesse – ou du moins nos possibilités de richesse – afin de pouvoir entrer dans leur territoire tambour battant. On est même prêt à foncer dans leur territoire, à y prendre nos aises.

L'image qui correspond à ce type d'arrogance est un immense réservoir de miel qui déverse son contenu. Des flots de miel sucré et gluant déferlent sur celui qui fréquente une personne affichant ce type d'arrogance. Impossible d'y échapper, la marée de miel avance inexorablement. Ce lent déferlement possède même une certaine dignité, une dignité assez limitée. C'est une façon pervertie de montrer sa richesse. La richesse nous enrobe tout bonnement, sans qu'aucune remise en question soit possible. Une telle personne nous donnera peut-être constamment des cadeaux, de la nourriture, de l'argent. Elle nous comblera à tel point de cadeaux que

1. L'anglais *pride* ne distingue pas entre les deux *(N.d. T.)*.

nous n'aurons plus qu'une envie : échapper à l'horreur de sa générosité. Cela devient exorbitant, écrasant, démoniaque. Cette générosité est en fait contraignante ; elle ne contient aucun élément d'intelligence fondamentale. Même si, poussée par le besoin de réconfort, la personne recherche un certain partage, son approche du partage sera trop forcée. Toute sensation de bien-être ou de divertissement que l'interlocuteur pourrait en retirer sera excessive. Le partage sera devenu repoussant et opprimant.

Dans le quartier ouest du mandala se trouve la passion, le vouloir-saisir. Cette mentalité correspond à une succion très forte. Face à un séducteur qui manifeste ce genre de passion, nous nous sentons constamment aspirés, comme par une ventouse, et notre existence commence à perdre de son sens tellement celle du séducteur est plus puissante. Nous en venons à nous croire aussi insignifiants qu'un flocon de neige, qui fond automatiquement dès qu'il s'approche de cette source de succion. Nous sommes totalement séduits, anéantis, engloutis. La séduction propre à cette passion exige que nous soyons intégrés au territoire du séducteur, plutôt que d'être un partenaire. Il n'y a aucune forme de danse ; tout est continuellement aspiré. L'amour, au sens d'échange libre, ne peut exister ; il devient accablant. L'être aimé est réduit à un élément de l'amour de l'autre et ne peut choisir librement de faire l'amour. Sa beauté, sa dignité et son éclat sont un élément du pouvoir de succion de l'autre. Comme la limaille de fer attirée par un aimant gigantesque, il ne peut plus s'agripper à quoi que ce soit. Toute remise en question est exclue. Il est complètement fondu, englouti.

Il arrive souvent que les gens souhaitent un tel amour, parce qu'ils se tiennent réellement pour des êtres insignifiants. Ils voudraient être aimés par quelqu'un, happés par lui. Mais même ceux qui ont de l'amour-propre et qui se considèrent comme des entités individuelles ne peuvent plus résister quand ils sont confrontés à cette succion si extraordinairement puissante provenant du quartier ouest du mandala.

Puis il y a le quartier nord du mandala, associé à la jalousie. En fait, ce n'est pas exactement de la jalousie ; nous n'avons pas vraiment un mot pour le dire en français. C'est une attitude paranoïaque de comparaison plutôt que de la jalousie tout court. C'est extrêmement pénible de se sentir toujours convié à se comparer à *cela*. Cette tendance à la comparaison devient pénible, car on a toujours la sensation que la situation qu'on vit est moins riche que celle de l'autre, que *cela*. On juge sa propre situation déficiente et on s'efforce de la gonfler, au point qu'elle finit par ressembler à un cadavre boursouflé. Cette mentalité repose sur une logique comparatiste : « Comme cet objet-là est plus grand que moi, je dois m'agrandir pour être beaucoup plus grand que lui. » On se bâtit jusqu'à devenir gigantesque, colossal, dans l'intention de pouvoir miner la concurrence. Aussi est-ce plus que de la jalousie, c'est un sentiment de rivalité.

Le jeu ici consiste à essayer de miner l'autre, plutôt que de l'attirer ou de l'absorber complètement. On ne veut pas absorber l'objet de la jalousie, on veut qu'il reste là pour pouvoir l'ébranler complètement puis finalement l'écraser. La voix de la jalousie dit : « Au début, cet objet était beaucoup plus grand que moi, mais là j'ai la moitié de sa grandeur, là je suis aussi grand que lui, là je suis un peu plus grand, là je suis beaucoup plus grand, énorme… Je suis énorme, immense, gigantesque, et cet objet est devenu insignifiant pour moi. Plus rien ne me menace. »

Ces cinq facteurs – l'ignorance au centre, la colère à l'est, l'orgueil au sud, la passion à l'ouest et la jalousie au nord – constituent un portrait complet de notre monde. De ce point de vue, nous sommes nous-mêmes le mandala idéal. Dans la mesure de nos ressources limitées, nous sommes dotés de toutes les richesses de l'existence, de tous ses aspects colorés et intelligents. Sans d'abord étudier les aspects négatifs du mandala, il est impossible d'en comprendre les aspects positifs. Notre objectif maintenant est de dresser le portrait psychologique complet de l'esprit confus.

ÉTUDIANT : Pouvez-vous expliquer l'orgueil un peu plus ? Je n'ai pas très bien compris.

T. R. : Il s'agit d'étendre son territoire en ne tenant pas compte de l'objet avec lequel on est en relation. En d'autres termes, on démontre sa richesse tout en créant une situation de claustrophobie pour les autres.

ÉT. : Que symbolise le miel ?

T. R. : Les possibilités d'un genre de richesse sucré qui se répand partout, d'une douceur suffocante et onctueuse. Bien que le miel soit un aliment sucré et séduisant, on ne peut en manger qu'une quantité très limitée. On ne s'attend pas à *baigner* dans le miel, mais simplement à en goûter une cuillerée, et c'est déjà beaucoup. Quand on aperçoit ces flots de miel qui déferlent, l'un après l'autre, inlassablement, c'est étouffant au possible.

ÉT. : Donc, l'orgueil est extrêmement étouffant ?

T. R. : Oui.

ÉT. : Et les autres établissent une relation avec ça ?

T. R. : Nous sommes ces autres, précisément, et nous sommes en train d'en mourir. D'ailleurs, la personne orgueilleuse elle-même est en train d'exprimer sa mort, mais ici notre description se fait du point de vue de l'interlocuteur. C'est la seule façon d'en parler, et c'est vrai aussi pour les quatre autres principes : il faut en parler du point de vue de l'autre, du spectateur, de la victime, plutôt que du point de vue de l'acteur. Il ne servirait à rien de l'envisager sous cet angle-là. Ce serait inutile de décrire la sensation de l'intérieur, sensation d'ailleurs comparable à celle d'un malade hospitalisé, en proie à d'horribles douleurs. Le meilleur moyen d'expliquer cette douleur est du point de vue du témoin au lieu d'explorer les possibilités de l'exprimer soi-même. C'est vrai aussi pour la mort, d'ailleurs.

ÉTUDIANT : Rinpoché, quel est le rapport entre le centre, c'est-à-dire l'aspect sourd-muet, et les quatre quartiers ?

T. R. : Chacun des quatre quartiers agit en sourd-muet dans son propre processus et son fonctionnement respectif. Chacun aborde la situation qui lui est particulière tout en étant insensible à celle-ci.

ÉT. : L'attribution d'une direction particulière à ces différentes qualités est-elle arbitraire ou a-t-elle un sens ?

T. R. : Il existe une relation entre l'est et l'ouest, le nord et le sud. Il y a les polarités de la colère et de la passion, de l'orgueil et de la jalousie. Toutes sortes de polarités et d'attirances se produisent selon ce modèle. Ce n'est pas simplement une question de hasard.

ÉTUDIANT : Je ne comprends pas pourquoi le portrait est si négatif. Pourquoi choisir l'approche négative ?

T. R. : Il faut comprendre l'aspect sourd-muet de la chose : c'est là que se trouve la clef. Si nous parlons de ces différents aspects négatifs, ce n'est pas nécessairement pour apprendre à les surmonter, mais plutôt pour prendre conscience de leur tyrannie. Cela nous donne une piste quant à la façon de les aborder. L'approche alchimiste consistant à transformer en or les métaux vils ne vient que plus tard.

ÉT. : Est-ce qu'on se situe plus dans un secteur du mandala que dans un autre ?

T. R. : On a sa propre sensation du mandala, qui est reliée à un quartier donné, mais possède néanmoins un lien avec les autres quartiers. L'aspect sourd-muet est toujours là, car on veut éviter de prendre conscience du fait qu'on a créé ce jeu-là soi-même. Il est donc toujours là, ce facteur. On pourrait en effet dire qu'on a un potentiel : dans la mesure où l'on est un des quatre quartiers, on possède certaines caractéristiques. On n'est pas transparent ; on a chacun ses complications, qui sont précisément ce qui rend nécessaire le cheminement. La voie a été créée à l'intention de gens durs à cuire ; c'est grâce à cette qualité difficile qu'ils peuvent suivre la voie. Alors, ne regardons pas ces aspects difficiles comme quelque chose de mauvais qu'il faut rejeter ou détruire.

ÉTUDIANT : Dans notre groupe de discussion, on nous a fait remarquer que, si dur à cuire qu'on soit, on se rend néanmoins compte du jeu de l'obsession au moment même où on le joue.

T. R. : Sauf qu'on décide de faire le sourd-muet. Ici, comprendre est la manière dont on joue le jeu.

ÉT. : Que peut-on faire à part jouer les sourds-muets ?

T. R. : Ne pas jouer.

ÉT. : Que faut-il faire ?

T. R. : Ne rien faire.

ÉT. : Vous voulez dire être spontané ?

T. R. : La spontanéité a plein de connotations péjoratives associées au laisser-aller.

ÉT. : Je pensais plutôt à l'aspect positif de la spontanéité.

T. R. : Même cet aspect-là peut devenir assez fumiste. Quand on parle de spontanéité, on pense à faire ce qu'on a envie de faire, tout simplement, se laisser aller, ce qui est plutôt primitif et simpliste comme image de la liberté. Il ne s'agit pas seulement d'être spontané. On est spontané parce qu'on est également doté d'une intelligence qui fonctionne en même temps que la spontanéité. Nous en parlerons plus tard, au moment d'aborder l'aspect éveillé des cinq principes. Selon l'idée qu'on s'en fait habituellement, la spontanéité va de pair avec la générosité. Cependant, il est tout à fait possible de déborder de générosité et de se laisser prendre au jeu, auquel cas on est plus frivole que spontané. C'est très délicat.

ÉTUDIANT : Où vient s'insérer la discipline ?

T. R. : Ici, précisément. Il faut discipliner sa spontanéité à l'aide de son intelligence, ce qui permet à la spontanéité d'avoir un élément de chaos ordonné. Et à propos de chaos ordonné, nous pourrions dire que l'aspect *ordonné* est la discipline, l'éveil, et que l'aspect *chaos* est l'acceptation de l'énergie qui se produit dans ce domaine.

ÉTUDIANT : Il me semble que vous décrivez le rapport que nous entretenons avec l'espace qui nous entoure, et je me demande quand, dans notre discussion du mandala, nous allons aborder les questions de réciprocité et d'interaction. Autrement dit, au lieu d'attendre jusqu'à ce que les choses aient été transmutées, nous pourrions voir qu'elles le sont déjà.

T. R. : Cela revient à la question de savoir jusqu'à quel point vous êtes prêt à accepter la situation, par opposition à vouloir en tirer une leçon. C'est très louche de se servir d'une situation à des fins pédagogiques. Cela veut dire qu'on a des arrière-pensées et qu'on veut mettre son apprentissage à profit, ce qui a automatiquement pour effet de tout déséquilibrer. Par contre, si on est prêt à céder sans apprendre, à devenir plutôt qu'à apprendre, l'atmosphère se dégage entièrement. A ce moment-là, la situation se transforme en une expression totale de liberté et non en une situation d'apprentissage. Vous voyez, vouloir tirer des leçons de son expérience équivaut à considérer la connaissance comme quelque chose d'externe. Par contre, accepter d'*être* dans la situation, se foutre éperdument des possibilités d'apprentissage, mais vouloir au contraire être dans ce qui est… ça, c'est à la fois extrêmement difficile et très simple.

ÉT. : Il me semble qu'il nous faut commencer par l'apprentissage, car, au début, il n'est pas possible d'être, sans plus. Si l'on commence par l'apprentissage on pourra accéder, petit à petit, à une compréhension intuitive des choses, après quoi on serait éventuellement en mesure d'être, tout court.

T. R. : L'essentiel est de savoir si l'apprentissage doit être considéré comme quelque chose d'extrêmement précieux ou comme quelque chose de terre à terre. Si nous adoptons cette attitude terre à terre dès le début, elle nous empêchera d'agir comme des affamés ; elle nous empêchera d'aborder la connaissance comme un corps étranger, qui viendrait vers nous et qu'il faudrait traiter comme un objet précieux. Au contraire, dans l'apprentissage il s'agit d'avoir un rapport expérimental avec la réalité, autant que possible. C'est ainsi qu'apprendre devient quelque chose de terre à terre et non d'extraordinaire.

ÉTUDIANT : Où intervient la foi dans tout ça ?

T. R. : On pourrait dire que la foi, dans ce cas, est la démarche elle-même. Quand nous avons foi en nous-même, quand nous croyons vraiment que nous sommes notre propre base de travail, alors nous nous sentons capables d'assumer le processus. Sans cette foi en nous-même, le rapport au cheminement n'est qu'un mythe.

ÉTUDIANT : Je ne comprends toujours pas pourquoi il faut parler des cinq principes du point de vue d'un témoin. Pourquoi ne pas en parler du point de vue de celui qui les vit ?

T. R. : Dans les deux cas, on est en interaction avec ses propres projections. D'ailleurs, la nécessité de tout formuler verbalement dans sa tête crée automatiquement une opposition entre ceci et cela. Les deux perspectives reviennent donc au même.

4

Le jeu du guetteur

Les cinq modèles samsariques semblent être bien plus que cinq styles d'existence bancals n'ayant aucun rapport entre eux. La question qui se pose est de savoir comment et pourquoi ces cinq types d'excentricité surgissent. Il est très important de le savoir, non pas pour résoudre le problème, mais bien pour comprendre pourquoi et comment les choses fonctionnent et s'agencent entre elles dans le mandala. Nous n'examinons pas cette situation dans son ensemble dans le dessein de nous débarrasser du problème, mais parce que la situation est inéluctable. Nous ne pouvons pas nous en débarrasser. Elle semble être enracinée et profondément ancrée dans notre style particulier. C'est pourquoi j'aimerais maintenant vous parler de la force active qui fait le lien avec l'être fondamental et les cinq principes samsariques.

L'être fondamental que nous examinons ici comprend un élément de clarté. C'est de la clarté au sens où l'on ne s'attend pas à quoi que ce soit, mais on attend simplement que survienne la situation suivante pour établir un rapport avec elle. Cependant, cette clarté va aussi de pair avec une pulsion de sécurité qui fait que l'on cherche à s'approprier la situation, à en dresser le procès-verbal, à la rendre malléable pour qu'elle puisse contribuer à maintenir l'existence de l'ego. On s'arrange pour fabriquer – à partir de rien, d'une situation dépourvue de parti pris – une autre situation qu'on peut manipuler à son goût et qui est connue sous le nom de guetteur ou observateur.

Comme nous ne sommes pas satisfaits de nous-mêmes, nous faisons de notre mieux pour obtenir satisfaction par l'intermédiaire du guetteur. Cette manière de survivre aboutit cependant à une impasse, car elle se définit en fonction d'elle-même. D'une part, pour nous maintenir, nous nous arrangeons pour connaître les limites de ce maintien ; d'autre part, comme nous savons que ce maintien est sujet à des contraintes, nous nous ingénions à maintenir encore plus de choses. Cette situation ressemble à une lutte contre la mort : elle se perpétue elle-même, sans cesse. Nous avons beau savoir que la mort approche à grands pas, qu'elle surviendra bientôt, nous ne l'acceptons pas ; nous tentons même d'en faire un style de vie.

En fait, on peut dire que toute la structure samsarique, le samsara avec tous ses charmes, repose sur le désir de transmuer une situation impermanente et fugace en quelque chose d'éternel. Les choses sont transitoires : elles cessent d'exister parce qu'elles sont nées. Nous réussissons pourtant à contourner cette logique en nous persuadant que, puisque tout est transitoire, le transitoire lui-même est éternel. Or, dans la tradition bouddhique, on ne parle pas de l'âme en tant qu'entité dotée de continuité, car ce serait l'hypocrisie ultime : croire en la non-existence comme quelque chose d'existant, croire dans le transitoire comme quelque chose de continu. Et pourtant, c'est exactement ce que fait le guetteur : il valide sa propre existence à partir d'une falsification, il essaie de se forger une vérité à partir d'un mensonge.

C'est essentiellement sur la croyance en l'éternité que semblent reposer à la fois le guetteur et les cinq aspects du mandala samsarique. Par exemple, supposons que nous percevons la texture de l'agression vajra ou de la richesse ratna. Pour maintenir cette texture et prouver que quelque chose se passe, il nous faut inventer une façon de la percevoir. Or elle comporte des vides inconditionnés et des points conditionnés. Elle est comparable à l'agrandissement d'une photo dans lequel on peut voir le grain de la pellicule ; aussi bien les grains que l'espace entre les grains sont des composants de l'image photographique. Ce que nous essayons de faire, cependant, est de transformer l'espace inconditionné en des points conditionnés. Et nous avons chacun notre propre façon de le faire, notre propre manière de regarder les choses. Il y a l'agression de la famille vajra, l'orgueil de la famille ratna, la passion de la famille padma, la jalousie de la famille karma et la stupidité de la famille bouddha. Quel que soit notre style, nous cherchons à nous accrocher à *quelque chose* à partir de rien.

Et quand nous parlons de « rien », il ne s'agit pas de prendre nos désirs pour des réalités et de nous dire que la confusion n'existe pas réellement. La confusion existe bel et bien précisément parce qu'elle n'existe pas. Nous devons y réfléchir très sérieusement. Les choses sont ce qu'elles sont parce que nous voulons qu'elles le soient, et, si elles le sont, c'est parce que nous devinons la possibilité qu'elles ne le soient pas. Autrement dit, quand nous considérons du point de vue de l'ego cet espace inconditionné dont nous avons parlé, nous avons peur de perdre pied, car le terrain primordial ne contient absolument rien de conditionné. Alors nous découvrons des moyens d'altérer la vérité pour avoir quelque chose auquel nous accrocher.

C'est extrêmement subtil et essentiel. En fait, c'est précisément la façon dont nous déformons le nirvana pour en faire le samsara, au lieu de laisser le samsara et le nirvana s'opposer dans une polarité. C'est ainsi que toute notre approche devient très névrotique, au point de friser la schizophrénie. Le problème se produit justement parce que nous cherchons un appui, des béquilles, un point de repère pour nous prouver à nous-mêmes que nous existons réellement. Ce faisant, nous créons chacun notre propre style, sur le mode vajra, ratna et les autres. Ces styles que nous déployons sont un crochet auquel nous tentons de suspendre quelque chose. Nous voudrions être sauvés. Nous voudrions prouver notre existence en présentant un de ces cinq principes de base.

Cette expérience de la texture du conditionné et de l'inconditionné est celle du guetteur ; c'est la force vitale du mandala samsarique. Voici comment elle fonctionne : on a des projections et un projecteur, qui s'entraident pour tenter de valider leur propre existence. Chaque situation corrobore donc sa propre existence : les projections existent parce que le projecteur a des idées bien arrêtées, et l'existence de ces projections démontre à son tour que le projecteur a une validité. Cela se répète inlassablement. Ainsi, le jeu du mandala samsarique ressemble à une gigantesque mafia d'hypocrites, la plus grande mafia imaginable. Elle s'est inventée elle-même, a spontanément mis au point sa combine. Ce n'est rien d'autre que l'instinct simiesque en action, mais à une échelle tellement énorme et prodigieuse qu'on pourrait gouverner le monde entier en fonction de lui, et non seulement cette planète d'ailleurs, mais tout l'univers. C'est une combine scandaleuse, si scandaleuse en fait qu'elle est digne d'admiration. C'est merveilleux de penser qu'un esprit limité peut se projeter dans l'illimité. C'est absurde, mais ça existe quand même. D'ailleurs, il va de soi que cet esprit limité peut également donner naissance à la notion nirvanique du mandala. Puis, à cause du guetteur, à cause de l'hypocrisie et de la mystification, d'autres possibilités commencent à s'ébaucher, mais nous en traiterons une autre fois. Aujourd'hui, il s'agit plutôt d'exposer au grand jour l'hypocrisie, de révéler le jeu, pour qu'il devienne au moins visible et évident et que nous puissions travailler sur lui.

ÉTUDIANT : Quelle est la différence entre le guetteur et la spontanéité disciplinée dont vous avez parlé dans votre dernière causerie ?

T. R. : Dans le cas du guetteur, on a toujours le sentiment de faire référence au résultat final. On évalue chaque pas, chaque mouvement. Lorsque la discipline est spontanée, on ne se soucie pas du résultat final ; celui-ci existe à cause de sa propre situation de base.

ÉTUDIANT : Vous avez dit que, pour créer la confusion, il faut y réfléchir avec beaucoup d'attention. Pourriez-vous en dire un peu plus à ce sujet ?

T. R. : C'est vrai que la confusion est faite de mécanismes bricolés minutieusement. La confusion a été mûrement réfléchie parce qu'elle vise à s'hypnotiser elle-même. Ce n'est pas à cause d'un plan chaotique qu'on tombe dans la confusion : au contraire, on crée le chaos intentionnellement. C'est un geste politique. L'objectif de la confusion est de se perpétuer avec la mentalité et l'identité qui lui sont propres. On élabore donc consciemment des idées pour éviter d'éprouver de la gêne face à son hypocrisie, car on s'y sent désormais très à l'aise. On adopte une façon d'agir selon laquelle on revient sans cesse sur les gestes qui génèrent cette hypocrisie pour les peaufiner. On se dit : « Celui-ci n'est pas génial » ou : « Celui-ci est bon, allons-y fort ». Puis l'hypocrisie, la confusion deviennent très solides et consistantes, et on commence à s'y sentir chez soi. Au moindre doute, on reprend son jeu originel, on s'y remet, pour se sentir complètement rassuré, pour se laisser hypnotiser complètement. On peut alors « spontanément » perpétuer cette façon d'agir.

ÉT. : Pourquoi créons-nous cette hypocrisie ? Pour pouvoir donner naissance au mandala ?

T. R. : C'est comme une mère qui n'accepterait pas

les douleurs de l'accouchement. Chaque fois qu'elle aurait une douleur, elle déciderait de ne pas accoucher, de garder l'enfant dans son ventre. Elle préférerait maintenir cet état constamment, car il est plus douillet, plus agréable. C'est quelque chose qu'on fait purement pour le plaisir, pour ne pas avoir à se départir de quoi que ce soit. En ce sens, c'est un refus d'ouverture. On veut donc continuer à porter cet enfant ; il est rassurant, on compte sur lui. On se sent important parce qu'on porte en soi la vie d'un autre. En même temps, on se sent menacé, car les douleurs de l'accouchement peuvent recommencer d'une minute à l'autre. C'est cette panique qui pousse à toujours chercher à se maintenir. On essaie à tout prix de ne pas accoucher de l'esprit illuminé, qui paraît extrêmement terrifiant et douloureux. Il faudrait évacuer quelque chose, donner réellement, et on est réfractaire à la possibilité d'un tel renoncement. On résiste à l'idée de devoir donner. On n'admet pas que le produit de son travail devienne quelque chose d'externe. On ne veut pas couper le cordon ombilical. On aimerait mieux le garder.

ÉT. : Cet état ne me paraît pas vraiment agréable. Au contraire, il me paraît bien pénible.

T. R. : Eh bien, cela dépend de votre façon de l'envisager.

ÉTUDIANT : Rinpoché, dans votre première causerie, vous avez parlé de la possibilité d'établir une frontière autour d'un espace que nous solidifions en disant qu'il nous appartient. Cette frontière, est-elle le bord du mandala ?

T. R. : On pourrait dire que n'importe quel doute fait partie du bord. Il s'agit de savoir si on veut laisser le bord ou la frontière sous forme d'espace ou si, au contraire, on voudrait le figer et le solidifier. Dans l'analogie de l'accouchement, au moment où on hésite à donner naissance on fige la frontière et on en fait quelque chose de solide pour avoir une protection éternelle contre un accouchement éventuel.

ÉT. : Donc, la frontière du mandala samsarique se situe au point de rupture ou de désagrégation de celle-ci.

T. R. : C'est ça.

ÉT. : Ce sont ses limites.

T. R. : C'est le point de l'hypocrisie.

ÉTUDIANT : Comment composer avec les douleurs de l'accouchement ?

T. R. : En réalité, nous n'en sommes pas encore au point de composer avec la douleur, nous essayons de souligner le fait qu'elle existe. A moins de connaître la nature de la douleur et de nous familiariser avec son aspect horrifiant, emprisonnant, il est impossible de composer avec elle. D'ailleurs, il semble inutile de parler de méthodes pour composer avec la douleur ; c'est sans importance. Ce qui fait problème, c'est que, dans le passé, on nous a fait miroiter trop de méthodes pour nous sauver sans que nous ayons été obligés de nous demander pourquoi il fallait être sauvés ni de chercher à savoir quel était le problème. Donc, pour l'instant, nous parlons exclusivement de l'aspect pénible de la chose ; nous ne parlons pas de la manière de nous en tirer, car cela se produit tout seul. Une fois que nous connaissons la nature du mal, le reste est évident. Nous n'avons aucune difficulté à nous en sortir. Cela arrive spontanément.

ÉT. : La douleur consiste à ne pas vouloir lâcher prise ?

T. R. : Oui. Nous ne voulons pas accoucher, ou aller jusqu'à couper le cordon ombilical. En accouchant et en coupant le cordon ombilical, nous avons peur de devenir insignifiants. A partir du moment où nous aurons coupé le cordon ombilical, l'enfant se mettra à grandir, il sera une entité distincte et autonome, et, finalement, nous nous transformerons en quelqu'un d'insignifiant. C'est quelque chose que nous refusons de subir, qui nous déplaît énormément.

ÉT. : On dirait que c'est la même chose que refuser la mort.

T. R. : Oui, précisément. Engendrer une nouvelle entité équivaut à devenir quelqu'un d'insignifiant. Un beau jour, les gens parleront de votre enfant comme d'un individu qui n'a rien à voir avec vous. Tout au plus, ils auront peut-être la gentillesse de dire que son père ou sa mère est M. Untel ou Mme Unetelle, au lieu de dire que c'est votre enfant. Vous avez donc peur d'être réduit à quelque chose d'insignifiant, repoussé à l'arrière-plan.

ÉTUDIANT : Serait-il possible de parler de l'incroyable pouvoir du samsara ? De toutes ces choses qui rendent l'accouchement difficile, qui nous empêchent de voir l'hypocrisie, de l'accepter, de peut-être même travailler sur elle ? Pourquoi est-ce si horrible, pourquoi est-ce à ce point…

T. R. : Il me semble que là vous commencez à tenir un discours sensé. Vous avez tout à fait raison : pourquoi, au fait ? pourquoi, bon sang ? C'est comme un mantra, comme les enseignements de Ramana Maharshi, son « qui suis-je ? ». Si vous croyez que « qui suis-je ? » est une question, vous n'avez rien compris. Dire « qui suis-je ? » dans sa pratique de méditation équivaut à énoncer un fait. Si vous considérez la phrase « qui suis-je ? » comme une assertion, vous commencez alors à vous ouvrir à quelque chose. Pourquoi, pourquoi, pourquoi. Vous n'êtes plus affamé, vous êtes déjà riche.

Il y a en effet deux approches au « pourquoi » : prononcé sous forme de question, il est une expression d'inanité, sous forme d'assertion, une expression de richesse. Autrement dit, si nous considérons ce pourquoi comme une question embryonnaire sur l'origine de toute cette situation, il nous donnera beaucoup d'espace au lieu de nous donner faim. L'espace n'est pas affamé, car il est complet par lui-même. Il est déjà riche, puisqu'il a son propre espace. Il a suffisamment d'espace pour se permettre d'être espace, d'avoir la qualité d'espace.

Cette observation est très pertinente et nous allons sans doute y revenir plus tard.

5

La lubrification du samsara

Il me semble que nous n'avons pas encore assez examiné l'aspect samsarique du mandala pour nous en être fait une idée générale. Même s'il ne nous reste pas beaucoup de temps, nous allons peut-être devoir approfondir un peu plus cet aspect. Il vaudrait la peine de consacrer plus de temps à la confusion, car il est beaucoup plus utile de parler de la confusion que de parler de la façon de s'en délivrer. Une fois qu'on connaît les choses dont il faut se délivrer, ou pas, le reste devient évident. D'ailleurs, aux États-Unis, la tendance générale du karma national et l'approche de la spiritualité nous poussent aussi à mettre l'accent sur la confusion plutôt qu'à nous limiter à faire des promesses. Les promesses tendent en effet à favoriser le matérialisme spirituel, qui se caractérise bien plus par le désir d'être sauvé que par la capacité de comprendre ce dont il faut l'être. Parmi les tendances qui sont à l'œuvre ici, le matérialisme spirituel est de loin la plus puissante, et nous voudrions éviter d'aggraver une situation qui est déjà suffisamment exacerbée.

Il y a d'ailleurs un autre aspect du mandala samsarique dont nous n'avons pas encore parlé : celui qui lubrifie la confusion, qui la rend fonctionnelle et lui permet de circuler. La nature fondamentale du mandala du samsara est composée de colère, d'orgueil, de passion, de jalousie et d'ignorance. Cependant, considérer l'ensemble du samsara uniquement sous cet angle serait une approche trop sommaire, car il y a quelque chose de beaucoup plus subtil.

Nous nous sommes déjà penchés sur l'expérience de la texture des situations et la perspective trompeuse qui s'y rattache. Cette expérience est accompagnée d'un sentiment d'ambivalence ; on a l'impression que les choses sont à la fois sensées et insensées. Cependant, nous voudrions examiner maintenant un aspect plus fondamental, un aspect qui se rapporte au domaine général dont nous avons discuté au tout début du séminaire, lorsque nous avons abordé la notion d'espace solide et de limite spacieuse et celle d'espace spacieux et de limite solide. On pourrait dire que c'est l'aspect qui constitue la situation de base.

Quelle est la cause de cette communication samsarique reliant l'agression à la passion, la passion à l'ignorance, l'ignorance à l'orgueil et ainsi de suite ? Qu'est-ce qui pousse le samsara à poursuivre cette communication avec lui-même ? Qu'est-ce qui explique la survie de ces cinq principes que nous avons examinés, y compris l'expérience de la texture ? Pourquoi continuent-ils de survivre ? S'ils sont des blocs solides de névrose, pourquoi ne se détruisent-ils pas eux-mêmes ? Les états de colère et d'agression se nourrissent eux-mêmes et finissent par se détruire tout seuls. L'ignorance aussi se nourrit elle-même en se désintéressant de tout, mais, en fin de compte, il n'y a aucune issue, aucun moyen d'entrer en relation avec quoi que ce soit dans le monde extérieur, et elle devrait en toute logique diminuer d'elle-même. Alors qu'est-ce qui fait que ces émotions continuent de fonctionner comme cela semble être le cas dans le monde réel du samsara où nous vivons ?

La structure qui s'établit maintient et perpétue tout l'environnement de la confusion samsarique, est reliée en quelque sorte à la totalité, au fait que les choses fonctionnent comme un ensemble. La frivolité forme un tout, la recherche de divertissement en forme un autre, et la poursuite de la survie au moyen d'une agression omniprésente forme elle aussi un tout. Ces trois principes semblent opérer simultanément au niveau global afin de maintenir en vie les qualités particulières de l'esprit confus. En fait, il n'est possible de maintenir en vie ces caractéristiques que parce qu'elles s'insèrent dans un milieu réceptif qui peut comprendre deux, trois, quatre ou même cinq des états de confusion existants. Donc, nous tentons surtout de faire ressortir ici la présence de ce milieu réceptif que nous avons tendance à créer, et non seulement celle des cinq émotions oppressantes. Ce milieu réceptif pourrait reposer sur la frivolité, pour prendre comme exemple une situation qui est très courante en ce moment.

Dans le domaine de la frivolité, il y a, d'une part, une sensation d'omniprésence et, d'autre part, de petites particules qui sautillent d'un bord à l'autre dans cet espace qui s'étend partout. L'espace est l'incertitude et les particules sont la curiosité d'esprit ; ensemble ils forment la frivolité globale, la totalité du milieu frivole réceptif.

Ici, frivolité a un sens très différent de ce qu'on entend habituellement par ce mot, c'est-à-dire le manque de sérieux et les enfantillages. La frivolité peut également être sophistiquée, elle peut s'appuyer sur une attitude cynique face aux traditions et aux structures que notre société a établies. Une telle attitude nous donne l'impression d'être à la page, nous nous sentons en droit de critiquer l'ordre existant et de nous montrer cyniques à son égard.

Le fait qu'on a installé des poteaux reliés par des lignes téléphoniques, qu'il existe un ordre des repas auquel il faut se conformer – petit déjeuner, déjeuner, dîner –, que les gens ont l'habitude de tondre le gazon avec une tondeuse : voilà autant de modèles de base généraux. La société fonctionne d'une certaine façon à partir de sources d'inspiration qui lui viennent du passé. Certaines structures ont été transmises de génération en génération pour permettre à la société de se perpétuer, de rester ordonnée, rangée, propre et fonctionnelle. Ces choses n'ont rien à voir avec la philosophie ou l'écologie. Elles existent de manière simple et directe : il y a une roche, il y a un arbre, il y a l'herbe qui pousse, il y a le ciel, il y a un coucher de soleil...

Nous pourrions critiquer le coucher de soleil en disant qu'il fait penser à une carte postale. C'est un exemple parfait de cynisme frivole. Nous critiquons les gens en disant qu'Untel agit exactement comme un pépère typique, ou bien comme un père, un frère ou une belle-mère. Nous avons tendance à faire certaines suppositions et à élaborer notre approche cynique en conséquence. C'est comme si l'environnement tout entier était complètement empoisonné. Quels que soient les points de repère qui existent – poteaux tendus de lignes téléphoniques, pelouses bien entretenues, et cetera –, ils nous servent de cibles.

Il me semble que l'objet de notre propos ici est la frivolité de l'« avant-garde », à laquelle tout le monde croit appartenir dans une certaine mesure. Nous nous prenons pour des personnes progressistes et évoluées. Nous avons une perspective différente de la société, cette société que *d'autres* nous ont salopée. Nous éprouvons du ressentiment, et cela nous rend avant-gardistes. Nous sommes les messagers d'un nouvel âge, quel que soit le nom qu'on lui donne, l'âge du Verseau par exemple. Cet âge est bien entendu anti-tradition, il est contre l'ordre établi. Nous pourrions en fait dire qu'il est anti-terre, puisque la terre a dû être cultivée et qu'il a fallu y édifier des villes. Par conséquent, même la terre finit par nous irriter.

Je ne condamne pas le fait qu'on puisse éprouver du ressentiment face à la pollution. Il n'y a rien de cynique là-dedans. Le problème se pose tout d'abord parce que nous pensons que le monde entier n'est là que pour nous offrir des occasions en or de renforcer notre propre style de cynisme et d'hostilité. Nous sommes capables de transformer le monde entier en une satire gigantesque. Pourtant, cette approche satirique revient à se couper l'herbe sous le pied. Le résultat est néfaste, car les gens finissent par se suicider ou même par mourir de rire. Ces deux extrêmes existent vraiment.

L'approche cynique est extraordinairement agressive d'un bout à l'autre. Les plaisanteries qui en découlent sont des boutades agressives, pleines de sous-entendus. Quand on se moque de quelqu'un, on se moque du millénaire d'accomplissements qu'il porte en lui, on se moque de toute une tradition. La tradition, qu'elle soit orientale ou occidentale, n'a rien de particulièrement hilarant, car les gens qui l'ont créée ne plaisantaient pas. Nous pourrions dire qu'elle est trop lourde, qu'elle n'est pas assez légère, mais à quoi bon ? Il n'est pas nécessaire de réduire ce terrain à la frivolité, à l'approche satirique ou hystérique.

Ce que j'essaie de dire, c'est que notre façon de signaler l'existence de situations négatives ou propices au cynisme, les situations drôles du matérialisme psychologique ou spirituel est bien trop facile et trop désinvolte. Nous critiquons la manière dont les gens gèrent leurs entreprises, la manière dont ils se rendent fous et dirigent leur société qui se veut éclairée. Une telle approche ne laisse aucune place – aucune liberté – à l'inspiration, qui surgit elle aussi sans cesse en même temps que l'esprit critique. Cependant, le fait de ne pas lui laisser de place ne signifie pas que cette place n'existe pas. Les possibilités de matérialisme psychologique, avec son approche commerciale et économique, sont innombrables, mais les possibilités d'une tradition qui n'aurait absolument rien à voir avec le matérialisme psychologique ou spirituel le sont aussi. Par ailleurs, on peut également apprécier les modèles existants qui ont déjà été créés et qui, cela va sans dire, sont un joyeux mélange de matérialisme spirituel et de spiritualité authentique.

Il est facile, en fait, de critiquer l'approche matérialiste, qu'elle soit psychologique ou spirituelle, et de la détruire au moyen de la logique. Mais le véritable problème auquel nous devons faire face est d'essayer de ramer dans la même galère que ceux que nous critiquons, comme si c'était *nous* qui devions assumer la responsabilité de diriger le monde entier sur les plans économique, spirituel, psychologique et politique. Comment le ferions-nous ? C'est là, il me semble, que se trouve le vrai problème.

La frivolité propre à la mentalité de l'ego renferme, d'une part, une intelligence qui assure la communication aller et retour entre l'agression, la passion et les autres émotions. D'autre part, elle possède une qualité extrêmement aigrie. Elle reproche, elle dit : « C'est la faute des autres. *Moi* je n'y suis pour rien. Mon devoir à moi, mon métier consiste à ironiser constamment sur les autres, à les voir comme une vaste plaisanterie, à voir le monde entier comme une immense plaisanterie. »

Cette immense plaisanterie est très différente de celle qui s'est développée dans la tradition tantrique. La *maya* ou illusion, la danse des dakinis [1], est aussi une immense plaisanterie, mais ce n'est pas une plaisanterie cynique. C'est une plaisanterie sérieuse, si je peux m'exprimer ainsi. La différence entre une plaisanterie

1. Les dakinis (« celles qui marchent dans le ciel ») sont des divinités féminines rusées et enjouées, qui représentent l'espace fondamental de la fertilité d'où surgit le jeu du samsara et du nirvana.

cynique et une plaisanterie sérieuse est très intéressante : la plaisanterie cynique est beaucoup plus oppressante que les plaisanteries éveillées. Les plaisanteries éveillées sont beaucoup plus légères, car elles laissent des possibilités d'accepter la sagesse, d'accepter le passé.

Prenons Naropa à titre d'exemple. Il a passé douze ans à subir toutes sortes de tortures pénibles que lui imposait son gourou Tilopa, et il est devenu détenteur de la lignée dont dérive la tradition kagyü. C'est cette tradition qui est le cheminement présenté ici. C'est ce à quoi nous pouvons nous rattacher. Ce n'était pas une blague, ce n'était pas un jeu, c'était une affaire d'importance. Dans l'autre approche, en revanche, l'individu considère tout comme irréel afin de pouvoir s'évader ; c'est un lubrifiant mis au point par le mandala samsarique. Cette tendance à mépriser l'énergie et les efforts investis par les êtres humains du passé est toujours présente.

Nous pourrions bien sûr nous y opposer en disant : « Je ne veux pas être dogmatique, je ne veux pas agir comme un converti, je ne veux pas être quelqu'un de difficile, je ne veux pas m'engager dans quelque démarche que ce soit. » Mais ce « je ne veux pas » est en soi une démarche obsessionnelle à l'extrême. Nous essayons de nous placer dans une situation parfaitement sécuritaire de manière à exclure tout engagement face à une tradition ainsi que toute possibilité de faire appel à une base solide, quelle qu'elle soit. Nous pourrions prétendre que Milarepa était trop pur, son ascèse, une simple marotte, ou alors que l'approche de Naropa, avec ses visions et ses efforts pour les suivre, était extrêmement psychédélique et saugrenue. Nous pourrions aller jusqu'à dire que Tilopa était le plus rigolo de tous. Notre cynisme n'a pas de bornes. Nous ne laissons pas de place, pas d'espace pour nous mouvoir avec la dignité que confèrent les fondements de la tradition. Nous nous aliénons l'héritage que nous avons reçu et les efforts que d'autres ont investis dans la société pour produire ce type de situation solide. C'est une des pestes qui pourraient surgir à force d'adopter une attitude cynique à l'égard de la spiritualité, ou même du matérialisme spirituel. Il n'est nullement exclu qu'une épidémie dévastatrice de ce genre fasse son apparition.

Essayer d'établir une base quelque part et nulle part en même temps – lubrifiant ainsi les situations de l'ego et de ses composants, qui sont la passion, l'orgueil, l'agression, etc. – est une approche qui se perpétue constamment. Elle est fondée sur l'insouciance, sur le fait de sentir que tout va bien aller parce qu'on a conclu une alliance avec quelqu'un de très satirique, de très cynique : « Si je m'embarque dans une affaire bizarre qui commence à mal tourner, mon image d'autorité satirique s'en apercevra et me transmettra un message. » Avec une telle attitude, on se retrouve les mains vides, sans rien d'autre qu'une situation extrêmement frivole.

En fait, cette approche frivole du samsara, cette tendance à ne pas prendre suffisamment au sérieux le jeu du samsara, est précisément ce qui lubrifie le mandala samsarique. Nous négligeons de voir que le samsara est très puissant, très énergique ; nous avons tendance à le reléguer dans le domaine de l'erreur, sans comprendre qu'il s'agit d'une erreur porteuse de sens, qui a été perpétrée à dessein. Ce type d'erreur entraîne le sacrifice d'un grand nombre de vies et fait perdre énormément de temps. De telles erreurs sont en fait des monuments. Le samsara est donc une situation très monumentale et non frivole. Quelqu'un décide de le mettre en branle ; ce n'est pas un accident. Ce n'est pas frivole, c'est un jeu extrêmement sérieux. Nous devons apprendre à respecter cette création monumentale appelée samsara.

C'est grâce à sa qualité monumentale qu'elle peut en même temps donner naissance au nirvana, comme un à-côté, en quelque sorte. C'est pourquoi nous ne pouvons nous contenter d'approcher le samsara de manière purement satirique. Nous devons le prendre très au sérieux et prendre également le monde entier très au sérieux. Ce point me semble des plus importants.

ÉTUDIANT : Ce type de lubrification existe-t-il uniquement en Occident ?

T. R. : Je crois qu'il existe partout. Cette lubrification est aussi courante en Orient, en fait partout où une société hautement traditionnelle décide de faire quelque chose d'insensé et qu'elle devient de ce fait l'objet de risée et de critiques. On la trouve partout sur la planète et même chez les Martiens !

ÉT. : Comment venir à bout d'une chose aussi monumentale ? Comment s'y frayer un chemin si on veut la respecter et respecter tout ce qui en fait partie, mais qu'en même temps on n'est pas d'accord pour s'y laisser prendre ?

T. R. : C'est une situation si monumentale qu'on la respecte précisément pour cela. Elle est extraordinaire, impressionnante ; elle est terriblement documentaire. On la respecte en tant que jalon. C'est ainsi qu'on permet à quelque chose dont nous avons parlé au tout début de ce séminaire de se produire : on peut commencer à comprendre que l'espace se produit à l'intérieur des choses monumentales et qu'il devient plus significatif que les monuments eux-mêmes. Les monuments, les statues de la liberté sont des monuments creux. Mais si vous ne saisissez pas la qualité monumentale de la statue de la Liberté, vous ne pouvez pas voir tout ce qu'elle est. Il faut respecter les choses ; autrement dit, il faut considérer l'ensemble comme sacré.

ÉTUDIANT : Je suis cynique.

T. R. : Bon, d'accord.

ÉT. : Mais j'ai également tendance à être trop sérieux. Il me semble que je n'arrive pas vraiment à comprendre ce que veut dire avoir le sens de l'humour. Alors une partie de mon cynisme consiste à vouloir avoir le sens de l'humour. Ça se traduit en cynisme.

T. R. : Comment ferait-on pour cultiver le sens de l'humour ?

ÉT. : Peut-être n'est-il pas possible de le cultiver ?

T. R. : Comment faites-vous pour cultiver le sérieux ?

ÉT. : En étant trop attaché, trop préoccupé par moi-même.

T. R. : Et l'espace entre les deux [l'humour et le sérieux] ? Pouvez-vous me dire ce qui s'y passe ?

ÉT. : [L'étudiant est incapable de donner une réponse.]

T. R. : Je pense qu'il est là justement, l'aspect intéressant. Ce qui se passe de ce côté-ci ou de ce côté-là est moins important que ce qui se passe entre les deux.

ÉTUDIANT : La tradition ici semble en être une de changement forcé, d'innovation constante. Si nous suivons cette tradition, nous allons nous trouver pris avec des changements qui seront fort désagréables pour la planète tout entière. Un bon nombre d'entre nous sommes venus assister à ce séminaire parce que nous avons compris qu'il faut retourner aux sources d'une tradition authentique qui soit monumentale…

T. R. : Nous parlons de monumental au sens d'espace solide ou d'espace creux. Nous ne parlons pas *du* monument ou *du* point de repère associé au domaine du dharmakaya ou du dharmadhatu[1]. C'est très différent…

1. Le dharmadhatu est l'espace qui contient tout, la totalité inconditionnelle, sans origine et immuable, dans laquelle surgissent, demeurent et cessent tous les phénomènes. Le dharmakaya est l'illumination même, la sagesse au-delà de tout point de référence, l'esprit primordial qui n'a ni origine ni contenu.

ÉT. : C'est très différent de la mentalité qui a créé la bombe à hydrogène et qui est en train de détruire les écosystèmes du monde entier. Pour moi, c'est moins une question d'éprouver du ressentiment envers la tradition que de me sentir obligé de la rejeter à partir de la même source qui me permet de reconnaître l'humanité en moi-même et ma relation avec toute la biosphère, avec tout ce qui est vivant. Je me dois de rejeter une tradition culturelle qui tend à détruire cette connexion.

T. R. : Ma foi, ça aussi, c'est un type de respect, vous ne croyez pas ?

ÉT. : Eh bien, je ne me sens pas cynique, mais je me dois quand même de rejeter ce que je vois dans la tradition culturelle.

T. R. : Autrement dit, vous devez rejeter le fait de ne pas être poète. Écrivez-vous des poèmes ?

ÉT. : Oui.

T. R. : Ah oui ? Comment ? Quelle position adoptez-vous pour établir un rapport au monde dans la sphère de la poésie ? Comment faites-vous pour écrire de la poésie qui ne devienne pas trop solide ?

ÉT. : Compte tenu de ce que vous avez dit sur les mandalas, je dirais que je conçois le poème comme un mandala. Il faut reconnaître une zone délimitée, dont une des limitations est le fait que le poème passe par les mots. C'est cela que vous voulez dire ?

T. R. : Pas tout à fait. En fait, la poésie pourrait devenir de la poésie creuse, comme une éponge en béton. A l'instar du béton, elle serait dure comme de la pierre ou un rocher, mais, en même temps, elle serait pleine d'un grand nombre de vides, et, si vous la jetiez dans l'eau, elle flotterait au lieu de couler au fond de l'étang.

ÉT. : Il me semble que le cynisme d'avant-garde finit par devenir une tradition en soi.

T. R. : C'est vrai. Prenez, par exemple, les premiers poèmes d'Allen Ginsberg et d'un grand nombre de poètes et d'auteurs dramatiques de la *Beat Generation* aux États-Unis, qui sont très satiriques à propos de la société. Il y a eu, en particulier, une poussée d'inspiration après la guerre du Viêt-nam, car celle-ci a fourni des matériaux de base à travailler. D'ailleurs, il n'y a rien de mal dans les observations et les poèmes satiriques en tant que tels : ils sont magnifiques, ils perçoivent toutes sortes de domaines et de recoins, leur langage est merveilleux. Mais ce qui cloche dans cette poésie est la ponctuation, qui exprime une gêne réciproque. Personne ne mentionne la possibilité de se libérer de l'emprisonnement hystérique dont nous avons parlé ici. Il reste donc toujours des non-dits, des choses sont passées sous silence chaque fois qu'on critique. Cette vérité indicible finit par vous hanter, comme le fantôme de George Washington ! Il est partout.

ÉT. : Quel est le rapport entre ce que vous venez de dire et le fait de dévoiler l'hypocrisie du mandala samsarique ?

T. R. : Il faut tout d'abord prendre acte de cette hypocrisie. Nous ne sommes pas suffisamment avancés pour la dévoiler au sens de l'humilier publiquement. A ce stade, ce qui nous intéresse, c'est uniquement reconnaître qu'une telle chose est en train de se produire et aller la déloger de la gêne subconsciente ou inconsciente qui nous pousse à vouloir passer sous silence toute cette affaire.

ÉT. : Le mandala a-t-il un aspect historique ? Y a-t-il un avant et un après ?

T. R. : Le mandala est, à sa façon, identique au temps ; alors, évidemment, le futur et le passé deviennent le mandala.

ÉT. : Est-ce que nous pouvons le voir avancer ?

T. R. : Oui, et reculer aussi.

ÉT. : Où se trouverait l'observateur par rapport au mandala ?

T. R. : Nulle part.

ÉTUDIANT : Je ne comprends pas ce que vous voulez dire par lubrification du mandala samsarique. Vous avez dit que c'est la frivolité qui le lubrifie.

T. R. : J'entends lubrification au sens péjoratif.

ÉT. : Ça le rend plus glissant ?

T. R. : Ça fournit une situation glissante pour que vous puissiez vous y insinuer sans vous faire attraper.

ÉT. : Autrement dit, pour qu'on n'ait pas à faire face à…

T. R. : Pour que vous n'ayez pas à faire face à la réalité.

ÉT. : Quand vous parlez de respecter le monument, le dites-vous au sens de respecter la puissance d'un ennemi ? Puisque cette tradition monumentale a fait tant de victimes, il serait imprudent de vouloir l'écarter par une simple boutade ou de la rejeter de façon frivole, mais il faudrait au contraire la respecter à cause de toutes les vies humaines qu'elle a ôtées ?

T. R. : La respecter comme ennemi ou comme non-ennemi revient au même. Elle est non seulement l'ennemi commun, l'irritant, elle est aussi en même temps une source de sagesse, car elle constitue le point de repère du cela par opposition au ceci.

ÉT. : Prenons l'exemple des pelouses bien entretenues. Je vois bien en quoi la réponse satirique à cette situation laisse quelque chose d'inexprimé. Mais, d'un autre côté, si l'on respecte une telle situation, n'est-ce pas le mépris qui est alors passé sous silence ? Le mépris ou la répugnance que vous pouvez sentir ne sont-ils pas appropriés eux aussi ?

T. R. : Je ne dirais pas que tout soit approprié. Il y a de l'espace non dit partout dans la situation. C'est ce qu'on pourrait appeler stagnation du point de vue de l'ego : en ce qui concerne le mandala de l'ego, c'est de la stagnation. Il y a non seulement la stagnation, mais aussi l'espace à l'intérieur de la stagnation, qui mérite d'être pris en considération. Ce que je dis depuis tout à l'heure est qu'il n'y a pas vraiment de solution, et qu'il n'y a pas non plus vraiment d'absence de solution. Il s'agit de cerner un point où la solution et la situation sans solution puissent fonctionner simultanément. Trouvez donc cet espace. L'espace n'offre ni naissance ni mort. Il y a quelque chose de total, quelque chose qui se produit sous la forme d'une totalité. Par conséquent, les problèmes et les possibilités du mandala samsarique peuvent fonctionner simultanément.

ÉTUDIANT : J'aimerais pouvoir trouver de l'espace dans la culpabilité. Quelle est la place occupée par la culpabilité dans le mandala ?

T. R. : Se sentir terriblement coupable d'avoir créé le mandala. En même temps, vous avez créé cette culpabilité qui en elle-même est espace. C'est-à-dire qu'il n'a jamais été nécessaire de créer le mandala ; on aurait pu ne jamais le faire démarrer. La culpabilité fonctionne donc dans les deux sens : il y a la culpabilité reliée au fait d'avoir commis des erreurs et la culpabilité comme base de travail. De ce point de vue-là, personne n'est puni et personne n'est confirmé. Malheureusement, la réponse que je vous donne ne sort pas de manière très directe. Elle n'est qu'un aliment qui vous permettra de développer votre compréhension.

ÉTUDIANT : Quel est le rôle de la peur dans tout cela ?

T. R. : La peur est à la fois l'anti-lubrifiant du mandala samsarique et son lubrifiant. La peur concerne la façon dont les choses pourraient arriver et aussi la façon dont elles pourraient ne pas fonctionner ; elle va dans les deux sens à la fois. C'est comme le symbolisme du vajra. Il y a une sphère au milieu, qui relie les deux extrémités ; la sphère au milieu représente l'espace et les deux extrémités représentent l'énergie de la peur. Il se peut que ce soit l'une ou l'autre extrémité qui fonctionne, mais, quoi qu'il en soit, les deux extrémités sont reliées à la partie centrale dans laquelle il nous faut abandonner complètement cette comédie.

ÉT. : Qu'en est-il de la personne qui croit à cent pour cent à la tradition et qui mène toute sa vie en conséquence ? Elle n'en a pas moins de passion, d'agression, d'ignorance et de peur, car elle est mortellement sérieuse.

T. R. : C'est automatiquement antitraditionnel. Cela équivaut à ne pas avoir compris ce que signifie la tradition.

ÉTUDIANT : Rinpoché, pourriez-vous dire quelque chose au sujet des deux autres lubrifiants parmi les trois que vous avez mentionnés, à savoir le divertissement et l'agression ?

T. R. : Je crois qu'il est inutile de les examiner en détail. Essentiellement, ils créent une sorte de prétexte en forgeant des liens dans l'espace, une espèce de circulation. C'est comme les veines et les artères qui maintiennent le sang en circulation pendant que l'organisme fonctionne. On peut imaginer comment ça se passe : il y a toujours plein de petites pensées discursives, plein de petits jeux, où l'on essaie soit de s'accrocher à ce qui arrive, soit de s'en évader, soit de se détendre entre les deux. Il s'agit de voir que ce type d'esprit est toujours en train de se produire, et qu'il est une forme de lubrification et non un principe fondamental comme les cinq principes que nous avons examinés. C'est l'intermédiaire entre toutes ces situations. C'est le cas de la frivolité et de l'attitude cynique envers le monde, envers la vie, la poésie, l'art et le reste.

6

La totalité

L'énergie fournie par le mandala samsarique dépasse le niveau samsarique. Mais attention : dépasser ici ne signifie pas sortir du samsara ni même le transcender au sens habituel, mais aller à la source du mandala du samsara, retrouver ses fondements. Il est plutôt question de chercher la manière d'y entrer et non d'en sortir, parce que, en fait, la nature du mandala samsarique renferme la non-dualité, l'absence de confusion et la liberté. Autrement dit, être capable de voir la source ou arrière-plan du mandala samsarique constitue le mandala de la liberté.

Au début de ce séminaire, nous avons parlé d'espace solide et de périphérie spacieuse. De notre point de vue actuel, ni l'espace ni la solidité ne font partie du mandala-de-bouddha, qui est plutôt la situation globale dans laquelle ces deux polarités peuvent exister et se maintenir. Le mandala-de-bouddha est en quelque sorte un environnement, un milieu dans lequel les deux polarités peuvent se maintenir. Il est donc moins question de nous libérer de la confusion samsarique que d'examiner le terrain dans lequel non seulement la libération mais aussi la confusion peuvent se maintenir et également se dissoudre.

La libération et la confusion sont perçues sous la forme d'un mandala, mais, dans cette configuration de mandala, la réalisation et la confusion sont encore interdépendantes, encore conditionnées. Par conséquent, la liberté – ou aspect spacieux ou bonté – fait aussi partie du mandala samsarique, au même titre que la méchanceté (quel que soit le nom qu'on veuille lui donner). Nous ne parlons donc pas d'une guerre entre samsara et nirvana, où il s'agirait de voir comment l'un pourrait triompher de l'autre et le dominer, mais d'un environnement dans lequel l'énergie des deux pourrait coexister et se maintenir. Nous parlons de l'énergie qui donne naissance mais qui donne aussi la mort, en considérant cette totalité sur le plan absolu qui lui est propre, sans guetteur, sans observateur. C'est l'idée du *dharmata*, qui signifie « ce qui est », « être en soi » ou « être constamment ».

Il est possible que ces idées nous paraissent plutôt abstraites si nous ne les envisageons que de ce point de vue, mais nous pouvons aussi les examiner dans le contexte pratique de notre vie quotidienne. Par exemple, nous pouvons voir notre agression et notre passion, ainsi que notre bonté, notre piété et notre amour au sens conventionnel. Nous pouvons voir comment ces choses s'inscrivent dans une sorte de totalité fondamentale. Nous avons la possibilité d'éprouver la colère, la passion et l'ignorance, et ces émotions doivent bien fonctionner quelque part. Elles tirent leur énergie de ce lieu, la redistribuent, puis en tirent à nouveau, si bien qu'il se produit un cycle complet, une circulation. Ce qui crée la possibilité d'une telle circulation est la totalité fondamentale dont nous discutons, le dharmata.

On pourrait difficilement dire que cette totalité est reliée uniquement au nirvana, car ce serait là une vision partiale des choses. Dans une situation totalement éveillée, les émotions surgissent et se développent, mais elles contiennent des qualités non conditionnées. En ce sens, les émotions ont leurs polarités et dichotomies.

Dans la vie réelle, il se peut que nous exprimions notre agression ou notre colère en battant quelqu'un, ou alors en le démolissant et en l'injuriant avec des mots. Ces actions et frustrations naissent de nos émotions du fait que nous ne comprenons pas qu'il existe un espace de totalité dans lequel ces énergies fonctionnent. Autrement dit, autant le refoulement que le défoulement ou passage à l'acte engendrent des succédanés d'émotions et non des émotions réelles, car ils agissent tous les deux comme sédatifs. Faire l'expérience d'émotions parfaites, ou vraies, équivaut à comprendre la totalité qui les sous-tend, à nous rendre compte qu'elles se produisent et qu'elles fonctionnent au sein d'un espace global. C'est à ce moment-là que nous commençons à goûter la saveur des émotions, à en apprécier la texture et la température. Nous nous mettons à sentir l'aspect vivant des émotions au lieu de leur aspect frustré.

Dans ce contexte, le terme frustration signifie stagnation : on veut accoucher mais on n'y arrive pas, alors on crie, on essaie de pousser, d'exploser. On a l'impression que, même s'il se passe certainement quelque chose, il y a quand même quelque chose qui manque. On a le sentiment d'un « non-accomplissement », l'impression qu'au niveau émotionnel quelque chose a complètement mal tourné. C'est parce que nous n'arrivons pas à voir la totalité, l'ensemble, qui est le principe du mandala. On pourrait l'appeler mandala-de-bouddha. Je préfère ne pas utiliser l'expression *mandala du nirvana*, car elle implique une dichotomie, une guerre entre le samsara et le nirvana.

Cela ne s'applique pas uniquement aux émotions, mais aussi à la vie quotidienne en général. Une fois qu'on voit la totalité, on peut ensuite goûter à l'expérience de voir les choses telles qu'elles sont, d'en saisir tout le sens. Le bleu du ciel et le vert des prés n'ont nul besoin de confirmation, comme ils n'ont pas besoin qu'on les apprécie démesurément. Ils *sont ainsi*, et par conséquent on n'a pas besoin d'être rassuré à leur sujet. Quand on comprend la totalité fondamentale de la situation dans son ensemble, les perceptions deviennent alors extrêmement vives et précises, parce qu'elles ne sont pas colorées par le caractère essentiellement conventionnel de la croyance en quelque chose. Autrement dit, lorsqu'il n'y a pas de dogme, lorsqu'on arrête de croire au bleu du ciel et au vert des prés, c'est alors qu'on se met à voir la totalité. Les perceptions deviennent alors beaucoup plus spectaculaires et colorées parce qu'on cesse de transmettre le message de la dualité entre ce qui est solide et ce qui est espace. C'est précisément ce genre de message qui est transmis quand on ne réussit pas à voir avec précision les contours distincts des choses. Si l'on expérimente l'espace comme étant solide et l'herbe comme étant vide, il se produit un échange très subtil de signaux dans la zone limitrophe où l'espace et l'herbe se touchent. C'est un peu comme des gardiens de frontière qui échangeraient des cigarettes d'un pays à l'autre : la démarcation devient floue, elle n'est plus évidente, elle s'estompe.

La même chose arrive si nous décidons d'abandonner le samsara et de nous associer au nirvana. Le voyage depuis la région du samsara évoque automatiquement le passé. Nous avons l'impression d'entreprendre un voyage vers une autre sphère. En l'occurrence, cette autre sphère est le nirvana ou bonté – donnez-lui le nom que vous voudrez. Et cette impression devient en soi une expression du samsara, de la névrose, parce que nous sommes encore attachés à l'idée d'une direction [nous avons encore un parti pris pour une des deux polarités]. C'est pourquoi il n'existe pas de monde en noir et blanc. Tant que nous demeurons incapables d'établir un rapport avec le mandala total qui constitue la base, l'échange subtil de signaux continue à se produire dans le monde dualiste du samsara et du nirvana. Nous sommes incapables de voir quoi que ce soit de façon claire et précise. Avant de voir le noir comme noir et le blanc comme blanc, il faut voir, dans la communication, de part et d'autre de la frontière qui sépare le noir du blanc, cette zone grise très subtile, à peine perceptible.

C'est évidemment à cela que je faisais allusion l'autre jour lorsque je parlais de la frivolité ainsi que du sentiment de sécurité et des pensées discursives ou des concepts métaphysiques et philosophiques. Ici, par contre, il n'y a plus de concepts métaphysiques et philosophiques définis, ni d'ailleurs d'émotions définies, mais il y a encore quelque chose qui serait un peu comme l'odeur qui se dégage d'une bouteille de parfum cassée [c'est-à-dire qu'il y a encore la notion de dualité]. Bien qu'elle ne contienne plus de parfum, la bouteille a encore conscience d'avoir déjà contenu du parfum.

Du point de vue de l'état éveillé, le mandala fondamental n'exige pas la transmission de messages linéaires[1] pour voir les choses telles qu'elles sont, et c'est pour cette raison qu'on utilise le mot « transmutation » dans la tradition tantrique. La transmutation se caractérise par le fait que le plomb est *entièrement* transformé en or : il devient de l'or pur, sans aucun résidu de plomb. Le plomb a été transformé totalement

1. Pour comprendre le sens du mot *linéaire* ici, se rapporter à la p. 83, où le Vidyadhara parle de « voyage linéaire ». Ici, linéaire semble faire allusion à une séquence dans laquelle une chose suit l'autre, comme dans un processus ordinaire. Les coups d'œil que le guetteur jette vers l'avant et vers l'arrière au cours du processus conceptualisé pourraient finir par lui donner l'impression qu'il maintient une base solide qui s'opposerait à une frontière spacieuse. Ces petits contrôles – retours en arrière et anticipations de ce qui vient – servant à confirmer l'existence d'une base seraient comme les cigarettes échangées à la frontière.

et complètement. C'est une situation en noir et blanc.

Dans les ouvrages traditionnels, on introduit dans ce contexte la notion de saut, ou de bond. Cependant, il n'est pas vraiment question ici d'un saut ou d'un bond, l'emploi de ces termes pouvant à nouveau donner lieu à une mauvaise interprétation de ce principe, qui serait alors perçu comme une progression. Il existe une expression tibétaine qui me paraît appropriée ici : *la dawa* ou *la da. La* est le sommet de la crête dans un col de montagne et *dawa* signifie « aller au-delà ». Vous ne dépassez pas seulement la crête, vous dépassez la notion même de crête. En d'autres termes, vous ne faites pas un bond en avant, mais, au moment de faire les préparatifs nécessaires pour sauter, vous vous rendez compte que vous n'avez plus besoin de sauter vers l'avant, car vous y êtes déjà en ayant sauté vers l'arrière. Vous constatez, en effet, qu'on vous a coupé l'herbe sous le pied et le voyage devient dès lors inutile. Même la notion de sauter devient inutile. Si vous « sautez », c'est une idée, un concept. Cela équivaut à marcher sur de l'espace solide.

A ce stade-ci, il se peut que la totalité fondamentale du mandala nous fasse extrêmement peur. Il n'y a pas de base, il n'y a pas de voyage, il n'y a même pas d'effort. Nous ne pouvons même pas le nier, parce que nous le découvrons. Et nous ne pouvons pas non plus le formuler verbalement ou mentalement. La situation autodestructrice propre à l'ego découvre simultanément son envers autocréateur.

En ce sens, la totalité du mandala conduit à une unification essentielle qui présente les cinq aspects dont nous avons parlé dans le contexte du mandala samsarique : les quatre types de situations samsariques plus celle du milieu. Toutefois, avant d'entrer dans les détails de celles-ci en fonction du mandala-de-bouddha, j'aimerais être certain que vous avez tous compris

– dans la mesure où le langage et les concepts le permettent – que notre discussion ne porte absolument pas sur des structures, des qualités, des schémas ou une quelconque relation, mais sur une totalité globale qui ne dépend ni de ses expressions ou manifestations, ni de quoi que ce soit d'autre. Cette totalité est *entière*, car l'espace et la frontière sont toujours là, simultanément, partout. Elle n'a nul besoin d'entreprendre un voyage ni d'établir des rapports. C'est elle qui agit comme soutien de la confusion ou samsara, et aussi de sa contrepartie, le nirvana, la source d'inspiration. Le processus du mandala fondamental est à la fois mort et naissance, il est à la fois créateur et destructeur, chaque instant, chaque fraction de seconde, quelle que soit l'unité de temps qu'on choisisse, par-delà le temps et l'espace. Il n'y a ni temps ni espace, puisqu'il n'y a pas de polarité. Et, s'il n'y a pas de polarité, ça se produit d'un seul coup. C'est la raison pour laquelle il n'y a pas d'espace pour la conceptualisation. En fait, formuler un concept équivaut à donner naissance, et ensuite, ce dont on a accouché commence à vieillir, puis à mourir. Ici, par contre, il n'y a pas de tel voyage linéaire.

Pour décrire cette situation, certains textes tantriques emploient l'expression tibétaine *sang thal* : « transparent », « pénétrant simultanément ». Il ne s'agit pas de transparence du point de vue d'une personne qui se trouverait, par exemple, de l'autre côté d'une vitre, mais de transparence du point de vue de la vitre elle-même. C'est de cette façon que la situation est transparente : elle n'a plus besoin de guetteur, car elle est transparente en elle-même.

Dans l'ensemble, toutes ces idées au sujet du mandala fondamental ou mandala total ne sont exposées ici du point de vue de personne. Le mandala est son propre point de vue. Il est donc libre de la naissance et de la mort, tout en étant par la même occasion la quintessence de la naissance et de la mort. C'est ce mandala qui soutient l'univers tout entier, l'existence tout entière, et c'est lui qui détruit aussi toute chose. La tradition tantrique lui donne souvent le nom de « charnier » ; dans l'iconographie du charnier, il y a le sage du charnier, la rivière du charnier, l'arbre du charnier et la pagode du charnier. Cette iconographie illustre le fait que la naissance et la mort s'y produisent simultanément. On y voit des squelettes qui dansent et des bêtes sauvages déchirant des cadavres. Quelqu'un poursuit ces bêtes, qui laissent alors tomber les corps qu'elles dévorent. Le sol est jonché de bouts de jambes, de morceaux de bras et de têtes coupées. Tandis qu'un animal sauvage arrache des lambeaux de chair à un cadavre, un autre plus puissant arrive et lui mange la queue… C'est qu'en fuyant la mort on la crée en même temps. Tout cela est très lugubre et terrifiant ; c'est loin d'être agréable. Vu de l'extérieur, le charnier serait même extraordinairement désagréable ; cependant, de son propre point de vue, il existe de lui-même, il est extrêmement riche et fertile.

ÉTUDIANT : Le centre de la roue de la vie est-il le charnier ?

T. R. : Non, je ne dirais pas. Ce serait plutôt Yama lui-même, qui tient la roue du devenir[1] et qui est du même coup naissance et mort. C'est l'ensemble de la totalité et non la source d'énergie. C'est la situation dans laquelle l'énergie peut exister plutôt qu'un point précis ou une action relationnelle donnée à l'intérieur de cette situation.

ÉTUDIANT : Est-il possible d'avoir une expérience vague de cette totalité ? On dirait qu'on a toujours une certaine impression de cette totalité qui existe tout le

1. La roue du devenir est une représentation graphique de l'existence samsarique. Elle est tenue par Yama, seigneur de la mort.

temps, mais elle demeure très vague parce que, chaque fois qu'on essaie de l'observer ou de s'y accrocher, elle se dissout et disparaît.

T. R. : C'est vrai, parce que ce vague est un sentiment d'insécurité. Vous avez l'impression que quelque chose ne va pas, que quelque chose ne marche pas tout à fait comme il faut, puisque dans le fond il n'y a plus de base, il n'y a plus de solidité sur laquelle s'appuyer. C'est l'expérience mystique du sens ultime de la duhkha – la douleur, la souffrance, l'inconfort. Vous commencez à découvrir la futilité des plaisirs matériels et autres, mais il y a quelque chose de plus. Vous sentez qu'il y a quelque chose à un niveau fondamental, mais vous n'arrivez pas à déterminer si cette chose est en votre faveur ou contre vous. Mais il y a quelque chose qui se passe. En fait, ce sentiment que quelque chose mijote pourrait être décrit comme l'expérience de la nature-de-bouddha[1], mais nous n'arrivons pas à mettre le doigt dessus ni à la créer.

ÉT. : L'insécurité disparaît-elle à mesure que l'expérience se répète de plus en plus fréquemment ?

T. R. : Si vous essayez d'en faire une base pour asseoir votre sécurité, elle cesse alors d'exister.

ÉT. : L'idée serait-elle d'essayer d'avoir une expérience neutre par rapport au samsara et au nirvana ?

T. R. : Dans le fond, toute forme d'expérience renferme la notion de point de référence qui est la base de l'acceptation ou du rejet. Il n'y a pas d'expérience sans situations douloureuses ni agréables. Il est absolument impossible d'avoir une expérience neutre. Les expériences extrêmes ou partiales que l'on a font partie du chaos. Des pratiquants religieux voulant rédiger des livres, des saintes écritures, ont catalogué ce type

1. La nature-de-bouddha est l'essence éveillée inhérente aux êtres sensibles.

d'expériences chaotiques de façon systématique et pragmatique. Ils ont distingué les bonnes expériences des mauvaises, les rangeant soit du côté de Dieu, soit du côté de Satan. Cependant, dans l'ensemble, nous n'essayons pas de déterminer ici quelles expériences sont valables et lesquelles ne le sont pas. Au contraire, nous disons que tout cela n'a aucune substance.

ÉT. : La comparaison n'a aucune substance ?

T. R. : C'est exact, parce qu'elle dépend de l'autre point de vue.

ÉT. : Donc, le point de vue n'est pas important non plus. Le flou est presque plus important que le point de vue.

T. R. : Oui, du point de vue de l'espace ou de la totalité.

ÉT. : Alors il vaut mieux rester dans le vague au lieu de définir les choses ou d'adopter un point de vue qu'il faudrait exprimer.

T. R. : Je ne dirais pas qu'il suffit simplement de rester flou. Mais, si vous restez flou à un niveau très subtil – ne pas avoir de points de référence –, alors ce flou devient très vivant ; en fait, il devient lumineux. Au lieu d'être vague et gris, il est éblouissant. Du même coup, il devient plus ou moins défini, mais non pas du point de vue des polarités. Il est défini dans sa propre nature inhérente, parce qu'il n'y a plus de guetteur à l'œuvre.

ÉTUDIANT : Quand vous avez parlé de l'herbe vide et de l'espace solide et de la zone grise entre les deux, je n'ai pas compris. C'est peut-être à cause de ce flou.

T. R. : Non, il ne s'agit pas tout à fait de ce type de flou. C'est une sorte de flou trompeur dans lequel vous n'arrivez pas à vous décider. Vous devez maintenir votre allégeance aux deux extrêmes ; autrement dit, vous dépendez de l'espoir et aussi de la peur, et vous voudriez garder un pied dans chaque camp.

ÉT. : Alors on espère que l'herbe est là…

T. R. : Et on a peur qu'elle ne soit pas là. Mais il reste encore des moyens de déformer la peur. C'est un jeu très astucieux.

ÉT. : Donc le gris viendrait de notre propre oscillation.

T. R. : Oui, oui, tout à fait. En fait, ce qui est encore plus probable est qu'il provienne d'une impression de communauté illusoire, d'une attitude de collaboration trompeuse, de coexistence et non de solitude.

ÉT. : Ce serait, en quelque sorte, à mi-chemin entre l'herbe solide et l'espace vide ?

T. R. : Oui.

ÉT. : Et la troisième option ?

T. R. : C'est un sentiment d'allégeance par rapport à un lieu, à une chose. Mais c'est tout aussi embrouillé. C'est gris parce que le fait de vous observer lubrifie tout ce qui se trouve entre l'espace creux et l'herbe solide… ou bien le contraire. Peu importe. Le commentateur s'arrange pour que tout soit confortable, pour que vous ne soyez pas obligé de faire irruption subitement dans quoi que ce soit. C'est comme prendre un avion climatisé pour se rendre d'un pays où il fait froid à un autre où il fait chaud. La climatisation rend les choses supportables et vous protège contre les variations subites. Tout a été organisé de la façon la plus hospitalière possible.

ÉT. : Alors l'état d'esprit d'un bouddha est sans doute extrêmement inconfortable.

T. R. : Pas du tout, puisqu'il n'y a pas de guetteur. C'est être, un point c'est tout.

ÉT. : Mais vous avez dit que c'est le guetteur qui rend les choses confortables.

T. R. : Et paranoïaques en même temps. Mais l'intention du guetteur est de rendre les choses confortables.

ÉT. : D'accord.

T. R. : Par contre, l'esprit du bouddha n'est préoccupé par rien de cela, et il y a donc une immense région qui a été éliminée. Sur le plan économique, c'est très avantageux.

ÉTUDIANT : Comment voir le charnier dans notre propre expérience ?

T. R. : C'est le sentiment de menace dont font l'expérience la plupart des gens. On a l'impression d'être au bord de la panique et on commence à perdre pied et à ne plus distinguer très clairement les ennemis des amis. On veut s'assurer qu'ils sont soit amis, soit ennemis, et on ne veut pas se tromper. On veut que tout soit très net. Cette attitude devient en elle-même très douloureuse et peu accueillante. En tant que bouddhistes, toute notre approche consiste à explorer un domaine où personne ne veut s'aventurer. Les gens tentent sans cesse de fuir, et c'est ainsi qu'ils ont créé le samsara. Tant que nous sommes sur la voie, à pratiquer et à travailler sur nous-mêmes, nous nous acquittons d'une tâche impossible en approchant cette chose que les êtres humains ont fuie depuis des millions d'années. Cette voie nous décontenance énormément, et pourtant nous nous dirigeons vers elle et nous l'explorons. C'est pour cela qu'il est tellement difficile de donner et de s'ouvrir. Ce type de lieu non désiré est comparable au charnier. Il nous poursuit partout, et non à un seul endroit.

ÉT. : On dirait que c'est dans cet état qu'il y a le plus de possibilités de transformation.

T. R. : Oui, précisément. Cela va sans dire.

ÉTUDIANT : Pouvez-vous parler un peu du mandala comme forme, comme figure, plutôt que de son contenu ? Je sais que ma question est loin d'être précise, mais qu'est-ce qu'il y a de si extraordinaire dans le fait de percevoir tout comme un mandala au lieu de voir les choses comme autant d'énoncés factuels, à l'instar de n'importe quelle autre religion ou système ?

T. R. : L'essentiel est de voir la totalité, d'avoir une vue d'ensemble. On commence à avoir une vision panoramique extraordinaire, sans frontières, et alors on peut se permettre de s'associer à des énergies et des directions particulières, puisque la situation de travail ne dépend plus d'une notion de direction. On a une direction dépourvue de direction. C'est une perspective entièrement nouvelle face au temps et à l'espace. On peut approcher le temps, car il est hors du temps ; on peut approcher l'espace, car il est hors de l'espace. Il n'y a de direction que parce qu'il n'y a pas de directions. Cela fait découvrir énormément de possibilités, une nouvelle façon d'envisager toute cette histoire. En même temps, bien sûr, comme il n'y a pas de point de repère, il est impossible d'assurer un suivi. Vouloir survoler l'ensemble équivaudrait à vouloir assister à ses propres obsèques.

ÉT. : Rinpoché, peut-on voir la situation dans son ensemble comme un terrain sur lequel se déroule un match de football ? Il y a le ceci et le cela, qui est comme un jeu entre Dieu et le diable, entre le nirvana et le samsara. Et pour celui qui occupe une position au ras du sol, ce panorama a un point de vue dépourvu de point de vue, si l'on peut dire. Ce qui aurait pour effet en quelque sorte de désarçonner à la fois Dieu et le diable.

T. R. : Oui, oui, c'est ça. Elle est bonne, celle-là.

ÉT. : Est-ce que c'est la prajña ?

T. R. : Non, c'est la jñana[1]. Dans la prajña, il y a

1. La *prajña* (T. : *sherab*, connaissance) est l'acuité ou conscience naturelle qui perçoit et discrimine, et qui voit en même temps à travers la discrimination conceptuelle. La prajña « inférieure » comprend toutes les connaissances utiles dans le monde, comme faire la cuisine. La prajña « supérieure » se divise en deux étapes : la première consiste à voir les phénomènes en tant que manifestation de l'impermanence, de la souffrance et de l'absence d'ego, et la seconde à avoir une connaissance directe des choses telles qu'elles sont. La *jñana* (T. : *yeshe*, sagesse) est

encore le guetteur. La prajña serait comme une caméra de télévision panoramique qui regarderait la scène du point de vue de l'espace. La jñana est le point de vue au ras du sol.

ÉTUDIANT : Rinpoché, j'ai l'impression que, dans le mandala samsarique, tout est divisé et compartimenté de façon très ordonnée en cinq segments avec des lignes ou barrières qui les séparent. Est-ce que ces barrières se rattachent à quelque chose de précis dans le fonctionnement de l'ego ?

T. R. : Elles se rapportent au guetteur, elles sont associées à la notion d'intellect ou de guetteur. Nous consultons toujours notre administration centrale pour nous assurer que tout est lubrifié de manière à bien pouvoir fonctionner. Cela dénote une attitude de dépendance à l'égard de la survie. Notre devise serait : « Je dois survivre. » C'est pour survivre que nous agissons ainsi ; même s'il y a une menace constante de mort, nous avons pourtant l'impression de créer la vie constamment. Évidemment, d'un autre point de vue, nous créons en même temps la mort, qui est le contraire de ce que nous recherchons.

ÉTUDIANT : Rinpoché, vous avez parlé du chaos ordonné. L'aspect ordonné se rattachait à la discipline, alors que le chaos était l'énergie qui se présente à un endroit précis. Est-ce relié à l'approche dont nous discutons maintenant, à une approche du terrain de totalité dans lequel tout surgit ? Est-ce que la discipline consisterait à être en mesure de voir la naissance et la mort en même temps ?

---

l'activité de sagesse de l'éveil, qui transcende toute conception dualiste : notre être devient alors spontanément sagesse, sans que nous soyons obligés de chercher la sagesse. Le terme tibétain signifie littéralement « connaissance primordiale ».

T. R. : Se mettre en état de faire l'expérience du chaos ordonné est en soi la discipline. Cependant, en ce qui concerne le rapport avec le chaos ordonné, c'est quelque chose d'extraordinairement organique. Il y a une totalité qui s'occupe du chaos, qui met les choses en place dans une situation.

ÉT. : Doit-on s'occuper de la discipline ou bien celle-ci est-elle déjà là ?

T. R. : La discipline est déjà là. Dans le fond, on pourrait dire que la discipline est comme un réfrigérateur. Le chaos est l'ensemble des choses chaotiques que contient le réfrigérateur, et elles sont nombreuses ; alors que l'ordre, c'est l'air froid que le réfrigérateur souffle sur elles.

7

Le mandala de l'être inconditionné

Nous allons maintenant poursuivre notre examen de la totalité, de l'espace total du dharmata. Cet espace fondamental et total comprend différents aspects, qui sont autant d'aspects de la totalité du mandala de base de l'être inconditionné. Il y a, d'une part, un élément de réceptivité et, d'autre part, un élément d'immensité. Ici, la réceptivité est énergique, elle permet à l'espace de se déployer ou aux choses de se déployer au sein d'un espace. Lorsqu'un arbre pousse, lorsque l'herbe pousse, l'espace aussi participe du même coup à cette croissance, à cette énergie. Sans l'espace fondamental, il n'y aurait ni arbres ni herbe ; il n'y aurait en fait aucune forme d'énergie qui se déploierait.

La réceptivité est l'aspect qui correspond à l'efficacité. L'autre aspect de l'espace est une sorte d'acceptation, la capacité de laisser les choses s'étendre pleinement.

Même si nous allons parler des cinq principes-de-bouddha, ceux-ci ne sont pas pour autant des entités distinctes et individuelles, mais des aspects de la totalité fondamentale qui accueille les choses et leur permet de se produire. Il s'agit donc moins de cinq qualités-de-bouddha distinctes que de cinq aspects de la totalité : nous regardons une même situation de cinq points de vue différents.

La totalité comprend donc ces deux qualités de base : l'aspect énergique et efficace de l'espace et son aspect réceptif et expansif. Les deux aspects fonctionnent sur un plan non duel, qui est le plan du « non-deux », et cette non-dualité constitue la troisième qualité de la totalité.

L'aspect non duel de la totalité correspond à la famille bouddha, qui, à sa façon, est pleinement et perpétuellement accueillante et n'est jamais perturbée par aucun événement. Dans l'iconographie traditionnelle, elle est symbolisée par une roue qui tourne sans cesse. Elle exprime l'intemporalité, la capacité d'être constamment.

L'aspect énergique ou efficace se rattache aux familles karma et vajra. Entre parenthèses, les distinctions établies ici ainsi que les descriptions des différents aspects s'appliquent moins au contenu qu'au récipient lui-même. Dans cette optique, être efficace signifie savoir accueillir l'efficacité et non être efficace au sens actif.

Il y a deux manières de susciter l'efficacité. La première fait entrer en jeu l'acuité de la famille vajra, qui fait un tour d'horizon du territoire tout entier avec ses multiples domaines, si bien qu'il ne reste plus une seule région qui n'ait pas été passée en revue du point de vue de l'espace. A cause de cette capacité d'inspecter tous les domaines, on peut employer ici le mot *intellect* au sens relatif, même s'il ne s'applique pas nécessairement au niveau absolu. Nous pouvons parler d'intellect à cause de sa précision et de son acuité.

Le deuxième style correspond à l'efficacité de la famille karma, qui consiste moins à couvrir tous les aspects qu'à croire à l'accomplissement automatique. On pourrait dire que les choses sont déjà en train de s'accomplir, de sorte qu'il y a toujours une énergie de fonctionnement total. Inutile d'essayer de fonctionner, d'accomplir quoi que ce soit, car tout est déjà en voie d'accomplissement. Pour la même raison, il est inutile aussi de s'introduire de force dans une région particulière. C'est cela le principe karma : voir la totalité de l'action telle qu'elle est, de façon qu'il n'y ait pas de lutte.

L'autre aspect du dharmata ou de l'espace total, qui est la capacité d'acceptation ou qualité expansive, est relié aux familles padma et ratna.

L'aspect ratna perçoit tout en fonction d'une unité ou d'une identité. Autrement dit, la notion d'extension dans un certain territoire ne s'applique plus, car l'espace est perçu comme existant de lui-même. Tout est perçu comme existant constamment, avec un sentiment de confiance totale ou de fierté totale. Il y a la reconnaissance de tout ce qui est, accompagnée d'un sentiment de dignité qui existe de lui-même. Il n'y a aucune place pour se déplacer, pour spéculer, ni pour manœuvrer. Tout est complètement total.

Avec l'aspect padma, le sentiment d'existence totale s'accompagne d'un sentiment très puissant d'indépendance. La richesse de la dignité qui s'est déjà développée donne naissance à une attitude qui exige ou impose le magnétisme. Mais, encore une fois, les termes *imposer* ou *exiger* sont inadéquats, n'ayant qu'une valeur relative. Il ne s'agit pas d'exiger en se fondant sur les notions de centre et de périphérie, de ceci et de cela, ni non plus d'imposer au sens d'entrer tambour battant dans le territoire de quelqu'un avec l'intention de l'engloutir. Au contraire, c'est comme un aimant qui existerait pour lui-même et qui n'aurait pas à exercer son magnétisme sur autrui. On pourrait dire que c'est un aimant qui est complet en lui-même.

Ces cinq qualités sont les composants essentiels du mandala. C'est un mandala parce que toutes ces qualités sont en relation réciproque. C'est presque comme dire la même chose de cinq façons différentes. La qualité essentielle de l'ensemble consiste à être sans lutte, sans cheminement. Cette absence de lutte et de cheminement s'exprime sous diverses formes, non pour répondre à des situations relationnelles, mais simplement comme manière d'exister. On peut donc se permettre d'être libre, sans agression, sans bataille, sans lutte.

Si nous voulions explorer la signification de chaque détail iconographique des représentations du mandala, il nous faudrait plusieurs années et énormément d'espace. Alors, pour résumer, on pourrait dire que la réceptivité fondamentale, ou l'immensité de l'être, renferme aussi énormément de puissance, une puissance invincible puisqu'elle ne dépend pas de l'existence du monde relatif ; comme elle ne dépend pas de la possibilité d'exister dans le monde relatif, elle n'a pas besoin de confirmation ; et comme elle ne dépend pas de la confirmation, il n'y a absolument rien qui puisse la menacer.

Cette puissance à deux cents pour cent, si l'on peut dire – en fait, je ne sais pas si cela existe, mais il nous faut avoir recours encore une fois au langage relatif –, pourrait être perçue comme quelque chose d'extrêmement courroucé. C'est le courroux sans colère et sans haine, c'est être dans l'état d'invincibilité. Elle est courroucée comme le serait une flamme vive qui ne permet pas aux concepts relatifs ou dualistes de se poser sur elle. Si une situation dualiste se présente, elle est automatiquement incinérée, consumée. Pourtant, cette puissance contient aussi énormément de paix en même temps. Ce n'est pas de la paix au sens d'absence de courroux. L'espace fondamental est paisible parce qu'il n'a aucune raison de ne pas l'être, puisque sa totalité est toujours là. Il est, par conséquent, lumineux et pur et peut tout accueillir avec une compassion non dualiste.

L'idée de conflit se fonde généralement sur le fait qu'on est aux prises avec le monde relatif. S'accrocher à un point de référence ou vouloir maintenir une situation sont le point de départ du chaos et de la confusion.

Quand on s'efforce de préserver quelque chose, l'activité mise en jeu dans le processus de préservation dépend d'une menace provenant d'ailleurs, et cette menace suscite à son tour la possibilité qu'on soit incapable de préserver cette chose. Sans cette menace, la question de la préservation ne se poserait pas du tout. Au départ, elle ne se pose pas.

Le rapport qui existe entre la préservation et le fait de se protéger contre ce qui menace cette préservation est analogue au rapport qui existe entre zéro et un. Un dépend de zéro et zéro dépend de un, ce qui est tout à fait différent du rapport qui existe entre un et deux. Le terme sanskrit *advaya* et son équivalent tibétain, *nyimé*, expriment tous les deux la notion de « non-deux », qui s'applique au rapport entre zéro et un. Cette expression signifie, dans ce cas, « absence de zéro, absence de un ». En réalité, dès qu'on commence à déceler des structures, à imaginer vaguement la perception d'un point de référence, ou même à songer à ce point de référence, c'est précisément *là* que naissent à la fois le samsara et le nirvana (j'utilise ici les termes en vogue). L'idée du non-deux indique qu'il est possible d'avoir un monde – un monde complet et pragmatique – qui transcende tous les points de repère. C'est tout à fait possible. De fait, un tel monde est beaucoup plus solide que le monde de la relativité, fondé sur l'interdépendance et assujetti à la mort et à la naissance constantes ainsi qu'à des menaces qui surgissent sans arrêt, tous azimuts. A cause de ces menaces constantes, la situation relative finit par devenir extrêmement hallucinante : on ne sait jamais qui est qui, qu'est-ce qui est quoi, ni lequel est lequel. C'est comme la blague : « *Qui* est à la première base et *quoi* à la deuxième[1] ? »

1. Allusion à un numéro de vaudeville des humoristes célèbres Abbott et Costello, de l'époque des films muets et des premiers

Comme le malentendu dualiste se produit dès le début, quand on essaie de le corriger il génère tout simplement de nouveaux malentendus. Toutefois, le fait est qu'il existe une région entièrement nouvelle, une tout autre dimension, qui n'a besoin ni de preuves ni d'interprétations. Elle n'a besoin d'aucun point de référence. L'existence d'une telle dimension est non seulement probable, mais réelle.

L'inspiration qui sourd de cette dimension a donné lieu à des œuvres d'art magnifiques, à un monde imaginaire de non-existence, à un monde non dualiste. A mesure qu'évoluaient l'expérience personnelle et la tradition, sept cent vingt-cinq mandalas fondamentaux ont été mis au point, tous extrêmement détaillés et précis. Certains mandalas contiennent jusqu'à cinq cents déités. Tous ces schémas de déités se fondent sur les cinq principes, les cinq aspects de l'espace fondamental ou totalité.

Il ne s'agit pas uniquement de quelque chose qui a été élaboré par des yogis et des siddhas ivres d'amrita[1], qui ont combiné des choses au hasard. Chaque point est très défini et très précis. Il a été possible d'élaborer un monde de précision, un monde possédant une façon très claire de penser, un monde fonctionnel, sans toutes ces autres régions relatives dont nous avons parlé. Cela s'est déjà produit et se poursuit encore.

Il me semble qu'il circule beaucoup de malentendus concernant les mandalas. D'aucuns croient, par exemple,

---

films parlants. Dans un match de base-ball, un des joueurs s'appelle Qui, un autre s'appelle Quoi, un troisième s'appelle Lui, et ainsi de suite. Un des personnages du sketch a vu le match et essaie d'expliquer à l'autre qui a fait quoi, mais celui-ci n'y comprend rien et s'embrouille complètement… et le public aussi *(N.d. T.)*.

1. L'amrita est une boisson alcoolisée bénite utilisée dans des pratiques méditatives du vajrayana.

que le mandala est un objet de méditation sur lequel on fixe les yeux. Il suffirait, d'après eux, de contempler ces tableaux coloriés pour planer ! Pourtant, du point de vue de la santé mentale, les illusions optiques et les schémas graphiques ne servent pas de béquilles pour accéder à un niveau supérieur.

L'enseignement essentiel du mandala a été présenté sept cent vingt-cinq fois, et cela ne couvre que les tantras inférieurs, correspondant au niveau du kriyayoga. Allez donc savoir combien de mandalas il existe dans les tantras supérieurs, des millions, sans doute ! Plus on avance dans les yanas et plus les chiffres se multiplient. Il existe six yanas tantriques ; le kriyayoga est le premier et contient déjà sept cent vingt-cinq mandalas. A mesure qu'on monte jusqu'au niveau du sixième yana, l'atiyoga, les mandalas se multiplient tellement qu'ils finissent par devenir inexistants. Les frontières commencent à se dissoudre. C'est une telle invasion de l'espace privé ! C'est pour cela qu'on parle de liberté.

Donc, si nous prenons ces idées et ces attitudes comme base fonctionnelle de travail, il devrait être possible d'énoncer une conclusion pour notre séminaire.

Il existe deux approches pour la visualisation d'une déité de mandala. La première consiste à la considérer simplement comme une figure de la pensée, comme un jeu de l'esprit. Au lieu de visualiser la Grand Central Station à Manhattan, par exemple, et de se concentrer sur cette visualisation, autant visualiser quelque chose de très significatif. On pourrait même aller jusqu'à visualiser le mandala d'Avalokiteshvara, de Tara, de Guhyasamaja ou d'une autre déité. Selon cette approche, la visualisation serait un substitut : tant qu'à avoir besoin de béquilles, pourquoi ne pas en avoir en or plutôt qu'en aluminium ?

Il existe pourtant une autre approche de la visualisation fondée sur la notion de familiarité avec le mandala dont nous avons parlé dans ce séminaire. Dans ce cas, on oriente son esprit vers cette notion de mandala, en sachant qu'il est impossible de la saisir, ou même d'être à deux doigts de la saisir, mais qu'une telle chose existe vraiment. On oriente donc son esprit vers cette région, en établissant un lien avec la notion de territoire inconnu et le mystère de l'être dans toute sa plénitude. Cette impression de mystère ouvre des espaces de toutes sortes. On n'énonce pas les choses de façon factuelle, une à la fois, on ne présente pas un projet ficelé à l'avance dans lequel tout est logique, cohérent et solide, sans aucun espace : on se permet de douter. La logique de base est toujours là – par exemple, trois fois trois font toujours neuf –, mais en même temps on permet des interstices, des doutes, qui sont reliés à la possibilité de devoir nécessairement poursuivre ce voyage. Il est possible d'adopter une telle attitude. C'est le début du processus d'éveil, le moment où nous commençons à laisser tomber notre jeu logique.

A la longue, à mesure que l'on entre dans le mandala fondamental tel qu'il est et qu'on comprend la douleur samsarique et le dharmadhatu, on s'aperçoit que les enseignements transmis par la tradition n'appartiennent pas à une culture particulière. Les enseignements transmis dans le langage de la tradition sont continuellement à jour. Idéalement, nous devrions pouvoir considérer la visualisation d'un mandala comme notre propre portrait, comme la découverte de nous-même, au lieu de la considérer comme un aspect d'une culture étrangère sur lequel nous fixons notre regard.

Il est intéressant de remarquer que, dans la tradition chinoise, les bodhisattvas et même les herukas ou divinités tantriques sont représentés portant des costumes impériaux chinois, alors qu'en Inde, pays d'origine du tantra, les déités sont évidemment représentées sous la forme de rois aryens, portant des couronnes incrustées des cinq types de joyaux et vêtus des autres pièces du costume d'un roi aryen. En ce sens, la pratique de la visualisation n'est pas entièrement anthropomorphe. Elle a été conçue pour les six domaines du monde et elle est enseignée dans chacun de ceux-ci, celui des animaux, des enfers, des fantômes affamés, des dieux jaloux, des dieux et des humains.

L'approche tantrique de la pratique est absolue et non anthropomorphe. On pourrait dire que l'approche du hinayana est anthropomorphe et celle du mahayana un peu moins, alors que l'approche du vajrayana face à la pratique est cosmique[1].

Cela s'applique également aux mantras qui accompagnent les visualisations. Ceux-ci ne sont pas considérés comme des paroles définies dotées de sens, ni comme des refrains qu'il faudrait répéter pour s'empêcher de sombrer dans le délire. Le mantra est considéré comme incantation ultime. L'esprit n'a aucun endroit où il puisse s'attarder si ce que l'on dit est absurde, une absurdité transcendante. Le mantra n'a aucun sens, mais en même temps il a un sens à cause de son absence de sens. Il est tout simplement un écho, le son émis par une seule main qui applaudit, un son inexistant.

Généralement, le mantra est considéré comme un son abstrait plutôt que comme quelque chose qui serait doté de sens. En ce sens, la récitation d'un mantra diffère nettement de l'idée habituelle qu'on se fait de la prière. Elle se rapproche peut-être plus de la notion hésychaste de la prière que l'on retrouve dans la tradition grecque orthodoxe. Dans la *Philocalie*, on parle de

1. Dans le bouddhisme, les *yanas* ou véhicules sont des niveaux progressifs d'enseignements intellectuels et de pratiques méditatives. Les trois principaux yanas sont le hinayana ou « petit véhicule », le mahayana ou « grand véhicule » et le vajrayana ou « véhicule indestructible ». Le hinayana est divisé en deux yanas secondaires et le vajrayana en six, ce qui fait un total de neuf.

répéter constamment la prière, de la répéter sans arrêt. Au début, on la répète avec intention, avec une direction, avec un but précis. Puis on la répète encore, on la répète sans cesse, on la répète toujours, et finalement on ne sait plus trop qui dit la prière et qui ne la dit pas. On perd le sens de la direction. En réalité, on se libère de ce sens de la direction plutôt que de le perdre et de s'embrouiller. On est moins désorienté, on devient alors plus réceptif. Puis il arrive un jour où la prière commence à se répéter comme si elle était le battement du cœur, comme si elle se répétait elle-même. En fait, à ce stade, c'est la prière qui vous répète, ce n'est plus vous qui la répétez. Ce type de prière a une certaine parenté avec l'approche du mantra.

L'approche du mantra prend naissance même pas sous forme de prière, mais seulement d'un certain son cosmique qui accompagne une certaine visualisation cosmique. La visualisation peut comprendre un mandala ou diverses déités, peut-être une déité à six bras et à dix-huit têtes, tenant différents sceptres dans ses mains, drapée d'une peau humaine, recouverte d'une peau d'éléphant, ceinte d'une peau de tigre et couronnée d'un diadème de crânes. Elle est entourée de flammes et profère des paroles magiques telles que HUM et PHAT. Ces visualisations sont très frappantes, mais elles n'ont absolument rien à voir avec le pop art. C'est de l'art transcendantal. Ces expressions peuvent devenir extraordinairement puissantes, vivantes et réelles si nous réussissons à abandonner les frontières de l'approche dualiste et que nous cessons de les évaluer. Dès qu'il n'y a plus d'évaluation, l'ensemble devient très vif, très réel.

Le problème qui se présente à nous par rapport à tout cela vient du fait qu'il nous faut d'abord nous sentir clairement engagés face à nous-mêmes. Pour commencer, nous devons êtres disposés à travailler sur le mandala samsarique, sans chercher quoi que ce soit de meilleur. Nous devons nous accommoder du mieux que nous pouvons des situations samsariques et y travailler. Une fois que nous avons fait ce travail, nous commençons petit à petit à prendre conscience de la toile de fond, de l'environnement dans lequel opère le mandala samsarique. Nous commençons à découvrir que ce monde, que notre version dualiste de ce monde, n'est pas tout ce qui existe.

Je ne veux pas dire qu'il existe un autre monde quelque part, comme la Lune, ou Mars ou les cieux. S'il y a un autre monde, c'est au sens où il est possible d'effectuer encore une découverte. Nous pouvons non seulement percevoir un brin d'herbe, nous devrions aussi pouvoir percevoir sa « brind'herbité » un peu plus profondément, voir le brin d'herbe dans sa propre plénitude et sa propre totalité. Nous pourrions alors voir la verdeur du brin d'herbe comme faisant partie de sa nature innée. Tout son être ne fait qu'être, sans aucune forme de confirmation ; il se trouve qu'il est un véritable et authentique brin d'herbe. Quand l'expérience du mandala commence à se produire, nous voyons le monde réel à cent pour cent, sans distorsion, sans le conceptualiser.

Les étapes à franchir sont nombreuses, et il semblerait qu'il soit impossible de commencer à moins d'être prêt à commencer par le commencement.

ÉTUDIANT : A propos de commencement, vous avez dit que le malentendu dualiste se produit au tout début. Y a-t-il aussi au tout début un aperçu ou un avant-goût de la totalité non dualiste ?

T. R. : Oui. C'est d'ailleurs la raison pour laquelle le malentendu était possible : il a fallu qu'il trouve sa place quelque part. On ne peut donc pas condamner le début comme étant une erreur, comme une espèce de chute de l'homme.

ÉTUDIANT : Dans la période de questions qui a suivi la causerie précédente, vous avez parlé, il me semble, d'une plus grande sensation d'espace à propos de la prajña, alors que, pour la non-dualité, vous avez établi le lien plutôt avec la jñana. Je ne comprends pas vraiment.

T. R. : La prajña peut être comparée à notre expérience de la discussion d'une causerie comme celle-ci. Quant à la jñana, au niveau de la réalité absolue, le fait d'en discuter comme si c'était une expérience nous fait adopter la perspective d'un observateur externe. Dès lors, elle devient de la prajña, de la connaissance, de l'information. Tant que nous ne nous serons pas identifiés complètement et totalement avec l'ensemble, elle demeurera de la prajña. Le processus d'être ne consiste pas à apprendre à être ; apprendre et être sont différents.

ÉT. : Votre discussion de l'aspect vajra me fait penser que celui-ci opère sur le plan de la prajña, en fonction de la distinction sujet-objet. Ai-je raison ?

T. R. : L'expérience vajra de l'intellect relève de la jñana et consiste tout simplement à voir à travers tout. Elle transcende la prajña, qui est encore une approche d'adolescent, pour ainsi dire.

ÉT. : Les catégories telles que les familles-de-bouddha, la prajña et l'univers des distinctions peuvent-elles exister sur le plan non dualiste ?

T. R. : C'est exactement ce que j'ai affirmé tout au long de cette causerie. Le niveau de la réalité non duelle appartient à la jñana, et, par conséquent, la sagesse de la conscience discriminante y est sans cesse présente. En fait, il existe à ce niveau-là un monde vivant, beaucoup plus vivant que celui dont nous faisons l'expérience.

ÉT. : Cela me paraît un peu contradictoire, puisque discriminer consiste à découvrir une dualité.

T. R. : Il n'y a aucun problème à découvrir une dualité. Ici, nous parlons du monde relatif en termes purement psychologiques. Nous parlons de fixations et de névroses relatives, au lieu de voir les choses comme étant deux. Cela n'est pas considéré comme de la fixation dualiste mais toujours comme de la conscience discriminante. Une personne éveillée est encore capable de marcher dans la rue et de prendre l'autobus ; elle peut même le faire beaucoup mieux que nous, parce qu'elle est toujours présente.

ÉTUDIANT : A propos de commencer au commencement, quel rôle joue la pratique de la méditation ?

T. R. : Au tout début, la pratique de la méditation consiste à accepter de se rendre ridicule. Au lieu de se faire accroire qu'on est en train de transcender quelque chose, ou qu'on est saint et bon, on reconnaît constamment qu'on se rend ridicule en faisant semblant de méditer. Ce n'est qu'en se limitant aux faits – c'est-à-dire en reconnaissant qu'on se trompe soi-même – qu'on peut se mettre à découvrir quelque chose de plus que le ridicule. Il y a quelque chose là. Peu à peu, on apprend à donner et on n'a plus besoin de se défendre constamment. Cette pratique exige donc une discipline immense dans le quotidien. Il ne s'agit pas purement de la pratique de la méditation assise : c'est toute la vie qui s'intègre graduellement à la pratique de la méditation, au point où l'on découvre que les possibilités d'avoir une relation très simple avec les choses, sans l'interférence des concepts, sont innombrables. Puis, naturellement, il arrive un moment où l'on commence à perdre la notion d'effort et l'on arrête de s'observer soi-même en train de méditer. Les frontières de la méditation commencent à s'estomper ; la méditation se transforme en non-méditation ou, ce qui revient au même, tout se transforme en méditation.

ÉT. : Cette aspiration initiale n'est-elle pas aussi du matérialisme spirituel ?

T. R. : C'en est, mais au moins elle est assez authentique au lieu d'être feinte, ce qui simplifie les choses. Évidemment, au début on croit qu'on doit réaliser quelque chose. Il n'y a pas de mal, et cela aide à entrer dans la pratique. Dans le cas du matérialisme spirituel, l'aspect trompeur est que l'on refuse de reconnaître l'existence de sa névrose. Chaque fois que l'on fait une pratique, on songe à obtenir des pouvoirs magiques, on s'efforce d'être puissant au lieu de se démasquer. Cependant, sans cette aspiration initiale, il n'y aurait pas de tremplin et pas de langage. Voir cette situation est précisément ce que je veux dire par se rendre ridicule.

ÉTUDIANT : Rinpoché, pourriez-vous expliquer encore une fois ce que vous entendez par réceptivité ?

T. R. : Il s'agit de ne pas être sur la défensive, d'accueillir aussi bien la richesse ou capacité d'expansion que les qualités magnétiques, sans créer de frontières solides. Ce n'est pas un effort ; c'est tout simplement la capacité d'accueillir des choses sans pour autant établir des liens relatifs.

ÉTUDIANT : Comment cette causerie extrêmement intellectuelle nous approche-t-elle plus du nirvana, comment nous éloigne-t-elle du samsara ?

T. R. : Si vous l'approchez par ce biais, elle ne le fait pas.

ÉT. : C'est évident, mais alors, ce n'est pas par ce biais-là que vous-même vous l'approchez ?

T. R. : Il nous faut toujours avoir recours au langage relatif, et automatiquement, cela devient intellectuel.

ÉT. : J'admets qu'il faut bien utiliser le langage relatif, mais il n'en reste pas moins que j'ai trouvé cette causerie très déroutante.

T. R. : C'est justement ce qui était visé. Il nous faut comprendre que les choses ne cadrent jamais tout à fait, que tout n'est pas nettement défini, en noir et blanc. Le sentiment de confusion est le point de départ. Quand vous êtes dérouté, vous ne croyez plus que votre confusion est la réponse. Parce que vous êtes dérouté, il vous semble que la réponse doit être autre, qu'elle doit être plus claire. Cela vous invite à poser plus de questions, qui contiennent d'ailleurs déjà les réponses en elles-mêmes. C'est de cette façon-là qu'on commence à travailler sur soi.

Autrement dit, les enseignements ne sont pas là pour vous donner quelque chose de logique, de solide et de précis, de manière que vous n'ayez pas besoin de travailler pour obtenir des résultats, puisque les enseignements vous alimentent constamment. La raison pour laquelle on vous présente les enseignements est pour vous obliger à travailler davantage, pour vous plonger encore plus dans la confusion. Alors c'est à vous de vous ouvrir un chemin dans celle-ci. Les enseignements vous encouragent à trouver le tremplin le plus proche de vous, qui est en l'occurrence la confusion.

ÉTUDIANT : Diriez-vous que les énergies inconditionnées et non dualistes ont comme ressources les énergies qui sont encore conditionnées ?

T. R. : Non, pas vraiment. Les énergies inconditionnées se perpétuent elles-mêmes, car il n'y a pas de relations qui entrent en jeu. Elles existent comme l'espace lui-même, qui n'a ni point central ni périphérie : il demeure tel qu'il est par lui-même, se nourrit de lui-même, vit par lui-même. Les énergies conditionnées sont également accueillies dans cette énergie inconditionnée. On pourrait dire que l'énergie inconditionnée peut s'exprimer en fonction des énergies conditionnées, mais elle n'a pas besoin d'elles pour survivre, elle ne se nourrit pas d'elles. C'est pourquoi, du point de vue de l'énergie inconditionnée, l'énergie conditionnée est redondante ; elle n'a pas besoin d'exister et alors elle stagne. Comme elle n'a pas d'exutoire, elle devient un processus de mort et de pourriture qui se perpétue constamment. La seule façon pour elle de se maintenir consisterait à puiser de l'énergie en elle-même, mais elle est déjà passablement stagnante.

ÉTUDIANT : Vous avez dit, d'une part, que les Chinois ont élaboré des visualisations différentes pour diverses déités, et, d'autre part, que la tradition est toujours actuelle. Je me demande si nous, les bouddhistes américains, nous ne pourrions pas élaborer nos propres visualisations de déités, qui seraient peut-être plus appropriées à nos besoins.

ÉTUDIANT : Par exemple, des mahakalas[1] en blue-jeans.

T. R. : Pas question ! En Chine, le processus s'est fait très naturellement et les choses ont tout simplement évolué, alors qu'en Occident nous en sommes à un stade où la culture est excessivement consciente d'elle-même[2]. Elle a déjà été violée. Tout l'art a déjà été violé et transformé en situation conditionnée. La tradition finirait par être transformée en pop art ou en collage : une peinture tibétaine avec un astronaute dans le paysage, ou quelque chose de ce genre. La situation en matière d'art est devenue très dégénérée.

Remarquez, si nous arrivions à rendre le processus moins complaisant, quelque chose pourrait en sortir. Cependant, comme notre monde est toujours en train de se regarder, ce serait sans doute très difficile. D'ailleurs,

1. Les mahakalas sont des déités courroucées dont la fonction est de protéger le pratiquant de la tendance à se duper et à se fourvoyer.

2. Ce paragraphe et le suivant reposent sur un glissement de sens subi par l'expression anglaise *self-conscious*. Cette expression, qui, au sens propre, signifie « conscient de soi », veut dire au sens figuré soit « timide, gêné, embarrassé, mal à l'aise, qui n'est pas sûr de lui », soit « emprunté, poseur, qui manque de naturel ». Le glissement de sens est dû à l'idée que si l'on s'observe trop, on perd son naturel et on devient soit très gauche, soit très affecté *(N.d. T.)*.

le même problème s'était posé au Tibet. Les Chinois, eux, ont abordé la chose de façon très décontractée, alors que les Tibétains étaient beaucoup moins sûrs d'eux par rapport à leur culture, qu'ils tenaient pour inférieure à la culture aryenne de l'Inde. Les Indiens avaient coutume de dire que le Tibet était un *preta puri*, un lieu où abondent les fantômes affamés. Ils considéraient le Tibet comme un endroit inculte et sauvage, et les Tibétains ont fini par se sentir très mal à l'aise. C'est pourquoi, au lieu de créer des déités tibétaines, ils ont décidé de se réfugier dans la culture aryenne dès le début. Donc, au Tibet, on ne voit pas de Tibétains sous la forme de Vairochana, ni rien de semblable. C'est une analogie intéressante.

ÉTUDIANT : Lorsqu'on fait une offrande sous la forme d'un mandala, qu'est-ce que cela signifie et comment faut-il s'y prendre ? Par exemple, il est dit que Naropa aurait offert un mandala à Tilopa.

T. R. : Eh bien, ce type de mandala n'est pas un mandala au sens psychologique ou spirituel, mais tout simplement une représentation de l'univers avec ses continents et ses océans, et tout le reste. Faire une telle offrande équivaut à renoncer à son territoire, si bien qu'on n'a plus d'endroit où vivre. C'est le sens ultime du mot « réfugié ».

ÉTUDIANT : Y a-t-il quelque chose qui soit l'expression pure de l'énergie pure ?

T. R. : Il faudrait pour cela sortir du tourbillon du monde relatif. Alors on serait dans un monde ouvert qui, pour cette raison même, ne serait plus dépendant du monde relatif.

ÉTUDIANT : Du point de vue du « non-deux », comment surgit la compassion ?

T. R. : Ne pas rester accroché à un point de référence donne énormément d'espace pour être. La compassion est un espace ouvert dans lequel les choses peuvent être accueillies. Le contraste est très fort avec notre tendance à repousser les situations parce que nous ne sommes pas disposés à accueillir quoi que ce soit. La compassion consiste donc à créer de l'espace ouvert, à accepter que les choses se produisent.

ÉTUDIANT : Comment créer cette ouverture ?

T. R. : S'il vous faut la créer, ce n'est plus de la compassion. Je dirais d'abord que, pour cultiver la compassion, il faut assumer sa solitude, accepter de se sentir seul. Alors on est dans une situation complètement et entièrement désolée, qui est aussi de l'espace ouvert en même temps. Cultiver la compassion ne consiste pas à établir des transactions commerciales avec les choses, mais à tout laisser s'ouvrir. Donc, le véritable point de départ de la compassion consiste à se sentir seul, à se sentir esseulé.

ÉTUDIANT : Au début du séminaire, vous avez parlé beaucoup de la frontière, alors que maintenant vous dites que le mandala n'a pas de limites. Pourriez-vous donner des précisions à ce sujet ?

T. R. : Le mandala samsarique est découpé par des frontières parce qu'il existe un certain nombre d'émotions et d'états psychologiques qui sont là parce que vous les entretenez pour assurer votre propre survie. Le mandala total, ou mandala de la totalité, ne dépend nullement de frontières, et par conséquent ses expressions sont considérées comme autant d'aspects d'une même totalité. L'aspect accueillant de l'espace et son aspect pénétrant [ou expansif] sont tout simplement des aspects différents de la même chose. On pourrait parler du soleil comme source de lumière, comme source de fertilité ou comme moyen de régler l'heure, mais on décrit en fait différents aspects d'une même chose. Il n'y a pas de frontières, seulement des expressions différentes.

ÉT. : Doit-on considérer les frontières comme le véritable principe de la réalité ou de l'existence ?

T. R. : Les frontières ressemblent un peu à ce qui se

passe quand on prend une photo. Vous ouvrez l'obturateur pendant, disons, un cent-vingt-cinquième de seconde, et voilà : vous avez un instantané et celui-ci est figé sur la pellicule.

ÉTUDIANT : Quel rapport entre l'expérience du charnier dont vous avez parlé plus tôt, qui naît d'un sentiment d'insécurité, et la possibilité de voir la totalité, qui semble être la clef du mandala-de-bouddha ?

T. R. : La totalité partage les attributs de l'insécurité. Lorsque l'esprit samsarique regarde la totalité, il y voit de l'insécurité, des menaces, un lieu de mort. La totalité est extrêmement menaçante, car elle n'offre aucune prise. C'est l'immensité sans limites de l'espace. Par contre, de son propre point de vue, la totalité ne contient aucun point de référence et la question de menace ou d'insécurité ne se pose donc absolument pas.

Nous devons nous arrêter maintenant. Il serait bon de travailler davantage sur les notions dont nous avons discuté. Réfléchissez-y et essayez de faire le lien avec votre propre expérience. Nous avons parlé de la signification de l'espace, qui est quelque chose auquel chacun d'entre nous doit faire face systématiquement tous les jours. Que nous habitions en ville ou à la campagne, que ce soit au foyer ou au travail, nous sommes constamment en rapport avec l'espace. Le rapport avec le mandala est donc continuel, du moins pour ce qui est de son aspect irritant. Nous ne pouvons pas l'arrêter en disant : « Bon, maintenant que j'en ai eu pour mon argent, je vais tout simplement éteindre et oublier tout ça. » Nous avons beau essayer de l'oublier, il se poursuit de plus belle. Il ne s'agit donc pas d'acquérir des informations ; il faut qu'il y ait un certain engagement personnel, puisque c'est la totalité de notre vie qui est en jeu. Nous devons établir un rapport avec notre vie et en apprendre davantage.

SECONDE PARTIE

Le mandala des cinq familles-de-bouddha

Karmê-Chöling, 1974

Abisheka de Çakramsamvara. Boulder, 1985.

1

Le terrain de base

Si nous voulons comprendre le mandala des cinq familles-de-bouddha, je crois qu'il nous faut saisir les conséquences du principe du mandala pour notre état psychologique et pour notre conscience de la vie quotidienne.

J'aurais d'abord un certain nombre de choses à expliquer au sujet du terrain de base qui est en quelque sorte au service de l'être. C'est le terrain des cinq familles-de-bouddha. Les cinq familles-de-bouddha ne sont pas des entités séparées, mais un même principe qui se manifeste sous la forme de cinq aspects différents. On pourrait parler de cinq manifestations distinctes d'une même énergie fondamentale, dont l'une serait sa richesse, une autre sa fertilité, une autre son intelligence, et ainsi de suite.

Nous parlons en fait d'une seule intelligence fondamentale, d'une seule énergie. Que l'on considère ces principes sous leur forme bouddhique éveillée ou bien sous leur forme confuse, une vaste étendue de confusion et de sagesse en constitue la toile de fond. Dans les deux cas, un schéma fondamental les sous-tend qui est à la fois potentiel d'éveil et expérience réelle de la confusion, de la douleur, etc.

Chacun fait l'expérience de son existence, de son être. Si l'on regarde cette existence ou cet être de plus près, on peut l'analyser de nombreuses manières différentes, mais, si on essaie de savoir ce qu'il en est au niveau de l'expérience réelle, on peut difficilement la cerner. Il est très difficile de faire une expérience pure de la confusion, sans qu'elle soit colorée par d'autres émotions. Dans l'expérience réelle, nous éprouvons aussi de l'incertitude face à l'existence ou à l'inexistence (d'ailleurs, les deux reviennent au même). Ce n'est pas que notre perception soit vague. Elle est très claire, mais d'une clarté indéfinissable. C'est essentiellement de la confusion. Ce type de confusion s'infiltre partout, dans tous les aspects de la vie, elle envahit nos heures de veille et de sommeil. Elle constitue un filon d'incertitude très riche et très épais.

Dans la terminologie religieuse ou métaphysique, on peut l'appeler âme, ou ego, ou divinité, ou lui donner n'importe quel autre nom. Mais si, ne sachant pas exactement ce que signifient ces termes, on décide de les éviter, alors il faut regarder l'expérience le plus directement possible, en abandonnant les idées préconçues, la terminologie et les étiquettes. A y regarder de près, l'expérience la plus intime qu'on peut faire en est une d'indicible confusion. C'est une confusion exceptionnelle qui n'est pas accompagnée d'une impression claire et nette d'avoir l'esprit confus ; impossible donc de la définir en l'appelant confusion. C'est ce type d'état non duel qui parcourt toute l'existence.

L'expérience émerge de cet état et s'y résorbe ; de lui surgissent les énergies et naissent les émotions. Tout se passe à l'intérieur d'un seul état qui englobe tout, d'une seule région. Je crois qu'il est très important de se rendre compte que cette toile de fond est à la base de tout et de comprendre de quelle façon elle surgit ou ne surgit pas.

Dans l'imagerie tantrique traditionnelle, cette expérience ou état porte le nom de charnier. C'est un lieu de naissance et un lieu de mort, le lieu d'où l'on est venu et vers lequel on retournera. Son équivalent moderne est probablement l'hôpital, l'endroit où l'on est né et où l'on va mourir.

Quoi qu'il en soit, cet hôpital gigantesque est passablement désordonné. Il est indiciblement désordonné et non duel. Et c'est justement là où je veux en venir : habituellement, quand nous imaginons l'absence de dualité, de division, de schizophrénie, nous avons tendance à penser qu'il s'agit d'une espèce d'état méditatif où les distinctions dualistes n'ont plus cours et où, par conséquent, tout doit être en règle. Pourtant, cela ne se passe pas de cette façon. Il semble qu'à ce stade nous avons un samsara non duel, ce qui ne manque pas de piquant.

Évidemment, en toute logique, toute dualité ou double personnalité doit nécessairement reposer sur une unité qui était là avant elle, dès le début. C'est de l'unité que naît la multiplicité. Il est intéressant de constater que cette confusion fondamentale agit en quelque sorte comme une conscience continuelle. Elle va d'ailleurs plus loin que la conscience purement humaine, car elle s'applique autant aux animaux qu'aux humains et au reste de l'existence.

En fait, même si cet état est confus, il ne semble pas contenir de doute proprement dit. Quand on se met à douter, il se produit un jeu de va-et-vient, mais l'état dont il est question ici est si envahissant qu'il ne laisse aucune place au jeu du doute. Bien qu'il constitue peut-être la toile de fond du doute, il n'y a pas de doute comme tel. On peut dire que c'est un état immensément terne et insipide. Les gens ont eu tort de le prendre pour une expérience mystique.

Pourtant, dans un sens, il s'agit peut-être réellement d'une expérience mystique, parce qu'à moins d'avoir eu un aperçu de ce niveau d'ignorance fondamentale il est impossible d'entrevoir le reste. Dans cette optique, découvrir le pire aspect de soi-même serait peut-être le premier aperçu des possibilités d'amélioration.

Voilà donc le terrain de base du mandala des cinq principes-de-bouddha dans leurs aspects à la fois samsarique et nirvanique. Ces deux aspects ont un rapport commun avec cet arrière-plan. Nous pourrions parler longtemps du terrain de base, mais je ne veux pas créer encore plus de fascination à ce sujet. Vous en avez déjà une petite idée, et il serait bon que vous puissiez examiner personnellement cet état un peu plus.

ÉTUDIANT : Cette confusion est-elle l'esprit voilé de la septième conscience[1] ?

T. R. : Elle remonte encore plus loin.

ÉT. : Mais se manifeste-t-elle aussi dans l'esprit voilé ?

T. R. : Nous parlons pour l'instant du niveau de l'alaya, qui remonte encore plus loin que la septième conscience. Ce niveau est doté d'une texture, qu'on pourrait nommer la texture de l'existence ou la texture

1. Allusion à l'enseignement bouddhique des huit consciences, provenant de l'école Yogachara. Les cinq premières consciences sont les consciences sensorielles. La sixième conscience est l'esprit (S. : *mano-vijñana*, T. : *yi-kyi nampar shepa*), qui coordonne les informations émanant des consciences sensorielles de façon, par exemple, à ce que la couleur, la forme et l'odeur d'un citron soient attribuées au même objet. La septième conscience (S. : *klesha-manas*, T. : *nyön yi*) est l'esprit voilé ou trouble qui donne naissance à la subjectivité ou conscience de soi. Elle porte en elle le sentiment de dualité embryonnaire. La huitième conscience (S. : *alaya-vijñana*, T. : *künshi nampar shepa*) est la conscience de fond, relativement indifférenciée. Elle est également appelée « conscience réserve » parce qu'elle contient les germes des activités karmiques provenant du karma du passé, qui génèrent à leur tour du karma lorsqu'elles sont élaborées par les sept autres consciences. La nouvelle activité laisse elle aussi des traces karmiques dans l'alaya, ce qui perpétue sans fin le cycle.

de l'être. Il n'est pas voilé au sens d'être gêné par un obstacle à la vision ou à l'intelligence, car ce sens s'appliquerait plutôt à la perception. Dans ce cas, il s'agit plutôt d'une chose qui est foncièrement bouchée, et non d'une projection qui aurait été voilée par la suite. Cela a lieu sur un plan plus existentiel. C'est d'ailleurs pour cela que cette conscience peut être si transparente et constituer une conscience constante de soi, une conscience de l'ego. On a une sensation du « moi », mais, avant même de dire « moi », on se dirige déjà dans cette direction. Avant même de définir cette région comme référence au moi, on sent qu'on s'achemine vers elle, et on a une impression de lourdeur et de solidité.

ÉT. : Voulez-vous dire en somme qu'on se retient, qu'on est toujours en train soit de se retenir, soit de pousser ?

T. R. : Non, c'est même avant cela. C'est une espèce de conscience qui existe d'elle-même et qui contient déjà une référence automatique au moi, si bien qu'il n'est même pas nécessaire de se retenir ou de projeter. Avant de faire quoi que ce soit, il y a un premier instant qui vous fait partir de là, au lieu de partir de n'importe quel autre point. Vous avez alors un point de départ précis.

ÉT. : S'agit-il de quelque chose qu'on transporte avec soi d'une vie à l'autre ?

T. R. : Je crois que oui, parce que la croyance en la vie est en soi une manière de vouloir saisir l'être. Oui, autrement la continuité du fil de la vie serait brisée.

ÉT. : J'ai entendu dire que la continuité de l'ego s'étend sur plusieurs vies. S'agit-il de cela ? Dans un sens, ce serait quelque chose de non dualiste, mais qui contiendrait en même temps la tendance à identifier le moi.

T. R. : Oui. Il est évidemment question d'une réaction en chaîne interrompue, mais celle-ci n'en constitue pas moins une chaîne, dont les maillons successifs s'enclenchent constamment les uns dans les autres.

ÉT. : Cette confusion, en sommes-nous conscients de façon personnelle dans notre vie ? Et puis, est-elle rattachée en même temps à une certaine confusion primordiale par laquelle nous passons chaque fois que nous entrons dans une nouvelle vie ?

T. R. : Je crois que nous en sommes conscients, mais sans avoir des concepts et des idées clairement définis. Comme vous avez dit, c'est quelque chose de primordial, la cause première des réactions. C'est le moteur premier, ou encore la base première d'où jaillirait cette activation.

ÉT. : Et cette activation nous fait entrer dans cette forme que nous appelons corps et esprit ?

T. R. : Oui. Dès le départ il y a la sensation du ceci et du cela, du moi et du mien.

ÉTUDIANT : Je ne comprends pas très bien le rôle que jouent ici la septième et la huitième conscience au niveau de la dualité. Il me semble que vous parlez d'une non-dualité relative qui serait différente de l'énergie non duelle inconditionnelle du dharmakaya, par exemple. Ce dont vous parlez semble s'appuyer sur une certaine notion du moi, sur une perception ayant pour base le moi. Comment celle-ci peut-elle être non duelle ? Y a-t-il en quelque sorte une non-dualité relative à l'œuvre ici ?

T. R. : On pourrait dire que le point de référence existe pour lui-même. Quant à cet état particulier, il est apparemment non duel, parce que la définition de la dualité se fonde sur la perception de « cela » en fonction de « ceci ». Cependant, le niveau d'ignorance dont il est question ici n'a pas les moyens de séparer, d'établir ce genre de distinction. Non pas que cette ignorance soit à ce point unifiée avec toutes les énergies, comme c'est le cas pour le dharmakaya ou non-dualité éveillée. Elle n'en est pas encore à ce stade ; c'est de la non-dualité primitive. Elle est primordiale ou primitive comme pourrait l'être une amibe, par exemple. Elle possède déjà un niveau très faible d'intelligence, c'est pourquoi elle est également dotée d'une conscience. On est au niveau du grain de sable.

ÉT. : Alors ce niveau de conscience ne peut jamais se reconnaître lui-même ? Il n'a aucune conscience de soi ?

T. R. : C'est exact. Il est dépourvu de conscience de soi, mais il est quand même doté d'une certaine confiance en lui-même. C'est un niveau passablement confortable, vous savez, et il est facile d'agir en fonction de cette qualité familière. Dès que surgit un doute, on fait un passage à vide, puis on repart. C'est très commode, d'une certaine façon.

ÉT. : Voulez-vous dire qu'il serait possible de le manipuler ? Au moindre doute, on n'aurait qu'à faire un passage à vide.

T. R. : Non, ce n'est pas tout à fait de la manipulation, c'est simplement le mieux qu'on puisse faire. Si on sent de l'incertitude, on retourne à la source. C'est ce qu'on fait normalement, vous savez. Si on est dans une ville étrangère et qu'on perd son emploi, on rentre dans son village et on habite chez papa et maman pendant un certain temps.

ÉT. : Dans les livres, on parle souvent des expériences mystiques de gens qui ont compris qu'il n'y a personne là, qu'il n'y a pas de moi, qu'il n'y a rien d'autre qu'un grand vide. Pensez-vous que ces gens faisaient l'expérience de la confusion fondamentale dont vous parlez ici ?

T. R. : Cela dépend du niveau qu'ils ont atteint. Il est possible que certaines personnes aient atteint uniquement le niveau dont il est question ici et qu'elles n'aient pas réussi à le dépasser. C'est comme ce qui est dit à propos des pratiques tantriques : si les gens font des visualisations sans avoir eu un aperçu de shunyata, cela les mène droit à l'ego. Tout dépend donc du niveau de clarté et de luminosité fondamentales. Il se peut qu'ils aient fait l'expérience d'un état de non-fonctionnalité, de non-dualité, peut-être même de vide, mais sans lumière. Cela ne va pas très loin. C'est comme un coma profond.

ÉT. : Ce serait parce qu'ils ont perdu la clarté ?

T. R. : S'il n'y a pas de clarté, les choses existent purement dans un état de stupidité. Il semblerait que le vide, que la vacuité du shunyata se produit automatiquement dès qu'il y a une sensation de clarté. Mais on pourrait dire que cette clarté est quand même présente et qu'elle est le germe des cinq principes-de-bouddha, la raison pour laquelle ces cinq principes existent. Ces principes sont autant d'énoncés de la clarté, chacun dans un domaine différent. Il y a une clarté de style vajra, une autre de style ratna, et d'autres de styles padma, karma et bouddha. Toutes les énergies sont l'état de clarté et de luminosité.

ÉT. : On ne peut donc pas brûler l'étape du développement de la clarté et sauter tout de suite dans l'expérience claire du shunyata ?

T. R. : Ce serait possible, mais je ne crois pas que ce soit très sain. Vous pourriez être ébloui par son éclat, ce qui aurait pour effet de vous aveugler davantage. Ce serait comme si quelqu'un allumait le soleil à minuit.

ÉT. : Y a-t-il une façon normale et efficace de découvrir la nature de cette lumière ?

T. R. : Lumière ?

ÉT. : La clarté.

T. R. : Il doit évidemment y avoir quelque chose, sinon il n'y aurait, en somme, aucune relation entre les deux mondes [celui de la confusion et celui de l'éveil]. Je dirais que le seul moyen est de s'affranchir des différents niveaux de confort éprouvés par la stupidité. Vous savez, au niveau de cette stupidité, on a une sensation de confort et de complaisance. Il me semble donc que la première étape serait de devenir un sans-foyer, de manière à ne plus pouvoir rentrer chez soi.

ÉT. : Il serait donc indispensable d'atteindre un certain degré de désespoir d'abord ?

T. R. : Oui, je crois. On a déjà dit cela.

ÉT. : Ce désespoir viendrait-il du sentiment qu'il est impossible de sortir de sa névrose ou bien de l'impression qu'il existe effectivement un moyen de la travailler ?

T. R. : On voit en fait des possibilités de la travailler, mais non pas de s'en défaire complètement. Puis il y a cet autre désespoir qui provient d'une sensation passagère d'inconfort : dorénavant, on ne pourra plus rentrer chez soi, dans son foyer douillet et stupide.

ÉTUDIANT : Cette confusion non duelle étant si diffuse, pourquoi n'y a-t-il que cinq familles-de-bouddha ? Pourrait-il y en avoir une sixième ? Pourquoi ces cinq familles-de-bouddha ont-elles jailli du sol de la confusion ? Y a-t-il un sens particulier à tout cela ?

T. R. : Cela n'a aucun sens en particulier. C'est tout simplement le résultat d'une évolution organique. Mais, quelle qu'en soit la raison, tout peut se diviser en quatre sections et un centre. Prenons les quatre points cardinaux, à titre d'exemple. Il est possible d'inventer un grand nombre d'autres points, mais, même si on en découvre cent, ils reposeront tous sur la logique des quatre premiers. C'est simplement comme ça que les choses fonctionnent. Il y a la perception, puis il y a l'appréciation de la perception.

Les textes tantriques font parfois allusion à cent familles et même à neuf cent quatre-vingt-dix-neuf familles, mais ces familles ne sont que des formes exagérées des cinq premières. Il n'est pas forcé que ces principes soient cinq ; cinq est tout simplement la limite inférieure. Et d'ailleurs, vous vous retrouvez avec cinq pour le prix de quatre.

ÉTUDIANT : Je ne comprends pas très bien comment cette conscience de base constitue un chez-soi.

T. R. : C'est le lieu le plus proche auquel il soit possible de revenir. C'est un peu comme se réduire à l'état de sourd-muet, de façon à ne plus avoir à porter son attention sur un trop grand nombre de choses. On simplifie tout pour en faire une seule situation vivable. C'est l'idée d'avoir un foyer douillet, un lieu où pouvoir se couper du reste du monde et l'exclure. On revient à ce lieu, on y dîne et on y dort bien. C'est primitif, comme un nid.

ÉT. : Donc, rester dehors…

T. R. : … est plus exigeant.

ÉT. : Ce niveau ne serait-il pas, cependant, antérieur au niveau personnel ? Si je pense à ce qui se passe quand je prends mon repas et que je vais me coucher, c'est très personnel comme sensation. Je suis chez moi et c'est très personnel : c'est moi qui le fais. Est-ce de cela que vous parlez, ou de quelque chose qui viendrait avant ?

T. R. : Vous avez raison, ça vient avant, c'est antérieur.

ÉTUDIANT : Parfois, j'ai une image qui me vient où je me vois à l'intérieur d'une roche. Ce serait un niveau antérieur au « ceci », un état du même genre ?

T. R. : Oui, c'est exact. Dans un sens, c'est vague, innommable, sans aucune espèce d'expression manifeste.

ÉT. : Le fait de me rendre compte que plus jamais je ne pourrai retrouver ce niveau de stupidité m'est douloureux et me donne un sentiment de désespoir. C'est comme si j'étais pris à cette étape médiocre. Y aurait-il un rapport avec le désespoir dont vous parlez, l'impossibilité de rentrer chez soi ?

T. R. : Oui, dans une certaine mesure. En fait, les réactions varient selon les personnes. Il y a des gens qui aimeraient y retourner, parce que c'est beaucoup plus facile : ils l'ont déjà fait et tout a été répété à l'avance. D'autres, par contre, sont accablés à l'idée de devoir recommencer. Cela dépend du niveau d'intelligence de la personne et dans quelle mesure tout a déjà tourné au vinaigre à ce sujet.

ÉTUDIANT : Si je comprends bien, vous êtes en train de dire que cette toile de fond, cette base serait en somme une approche samsarique.

T. R. : Ce serait une sensation du « moi », la sensation de cette direction-ci [porte la main à la poitrine], une espèce d'ego primordial. C'est le premier des trois types d'ignorance : l'ignorance d'être. Elle est reliée à l'état fondamental, à l'existence fondamentale. Dans un sens, il s'agit d'une version très épurée du samsara et, dans un autre sens, d'une version très brute. On peut classer cette ignorance dans la catégorie du samsara parce qu'elle repose sur la préservation de soi. Autant dans la version épurée que dans la version brute, c'est la préservation de sa propre existence qui est visée. Elle est sans conteste en faveur de l'ego. C'est peut-être inconscient, mais elle n'en est pas moins du côté de l'ego. Elle se rattache encore à la notion de bâtir, plutôt que de lâcher prise. Pourtant, elle demeure un tremplin nécessaire sur la voie, une base de travail.

2

La naissance de la voie

Nous allons maintenant poursuivre notre examen de l'expérience de l'ego dans ses aspects fondamentaux. Cependant, j'aimerais d'abord faire une mise au point : ce dont nous parlons ici se fonde sur l'expérience personnelle. Notre approche est intuitive, bien plus qu'intellectuelle.

Il y a beaucoup d'énergie qui accompagne l'ignorance primitive. L'aspect essentiel de cette ignorance est une sensation d'ennui et de familiarité, qui donne naissance au désir d'avoir plus de stimulation, plus d'aventures. Cependant, l'aventure finit par devenir un peu névrotique, parce qu'on a omis d'inspecter le terrain et de s'étudier soi-même. C'est le stade auquel commence à se produire la dualité.

Même si, au début, la dualité n'est qu'un moyen de tromper l'ennui, on finit par s'apercevoir que ce type de risque est extrêmement dangereux. Avec le temps, tout devient menaçant. On apprend à avoir diverses perspectives, à mettre divers accents sur divers types de styles. C'est à ce stade que se manifestent les cinq familles-de-bouddha sous leur forme confuse : l'une agressive et intellectuelle, une autre enrichissante, une autre encore séduisante et magnétisante, une autre extrêmement active, et ainsi de suite. A ce stade, ces expressions ont en général quelque chose de désespéré par rapport au terrain de base. Ce désespoir se fonde sur un certain style [et prend la forme de ce style] : le style selon lequel on réussit à opérer, pour ne pas tenir compte de l'ignorance fondamentale.

Autrement dit, ce qui arrive dans l'esprit confus est essentiellement un moyen de surmonter l'ennui et de se divertir, d'une part, et un moyen d'oublier les menaces, d'autre part. La menace principale est celle de retourner à la toile de fond, car on prendrait alors conscience de la confusion embarrassante qui y règne et du mal qu'on se donne pour cacher ses parties « intimes ».

Il existe divers niveaux d'ignorance. Le premier niveau d'ignorance est relié au fait d'avoir un corps. Le type de vie qu'on mène est influencé par le type de corps qu'on a, et le comportement s'est façonné également sur le corps. Il existe une conscience naturelle du corps. Qu'un individu soit grand ou petit, gros ou maigre, quelle que soit sa constitution physique, il s'organise pour opérer sans heurts compte tenu de ces éléments. Ce type de conscience naturelle de soi se produit constamment. Quand on a froid, on ne pense jamais : « Mon corps a froid », mais : « J'ai froid », et il en est de même pour la faim, etc. La tendance naturelle est d'identifier son corps avec son état existentiel, avec son être.

Cette ignorance fondamentale est donc toujours là. Il suffit qu'il y ait une zone aléatoire, une petite brèche ou des circonstances inattendues – quelque chose qui ne cadre pas avec le programme qu'on a créé pour gérer son comportement –, pour que surgisse un élément de panique et d'incertitude qui pousse l'individu à accomplir certaines actions. Ces actions sont reliées aux cinq styles. Il ne s'agit pas de savoir quel style parmi les cinq serait le style personnel de chacun. Nous parlons d'une improvisation générale, qui se fait au hasard, au petit bonheur, et qui a cours tout au long de la vie parce qu'on s'efforce de colmater la brèche et de se divertir.

Quel rapport y a-t-il entre cette expérience des cinq

principes-de-bouddha et la voie du bouddhadharma ? En fait, au cœur de cette impression de terrain perdu, de cette conscience de soi continuelle, il y a aussi une notion d'intelligence. Cette intelligence ne provient en fait de nulle part, elle est dépourvue d'origine ; peut-être devrions-nous dire pour l'instant que nous ne sommes pas sûrs d'où elle vient. Quoi qu'il en soit, il y a cette intelligence qui a tendance à faire des commentaires sur ce qui se passe. Elle commence à voir les fonctions de l'ego de base, de l'ego primordial qui est conscient de lui-même. Elle voit l'ego tel qu'il est et elle voit aussi les différents fantasmes dans lesquels on s'embarque pour se protéger de l'ennui et de plein d'autres choses. Il y a donc un commentaire constant qui se poursuit, et qui est le début de la voie.

Cette intelligence est innée, elle n'a ni origine ni naissance. Elle est généralement éveillée au contact avec un maître, ou par l'exemple de quelqu'un d'autre, par sa façon d'aborder la vie et sa sagesse. Mais il ne faut pas croire que c'est le maître qui donne naissance à cette intelligence dans l'être du disciple. La transplantation directe est impossible, puisque l'intelligence fait déjà partie de lui. Mais il ne fait aucun doute que cette intelligence peut être éveillée.

Cette intelligence est éveillée essentiellement par un processus de sabotage ; il s'agit de fomenter une insurrection, d'introduire le chaos dans les politiques et programmes bien arrêtés qui ont été mis en action dans l'espace de l'ego. La plupart du temps, l'intelligence se sert des émotions et s'accommode des tendances de l'ego, ce qui la rend quelque peu transparente [en ce qui concerne ses partis pris]. Elle ne joue pas toujours le rôle de saboteur ; elle est parfois tout simplement un employé salarié, qui se plaint beaucoup à son employeur, mais qui lui donne quand même son appui. L'intelligence travaille donc pour les deux camps : d'une part, elle collabore avec l'ego, qui l'exploite, et, d'autre part, elle fait de l'infiltration, comme un mouvement clandestin. C'est au sein de ce processus que naît le cheminement.

Ce processus exacerbe encore plus la névrose des cinq principes, car la situation évolue progressivement au point d'être très menaçante. Les choses deviennent très personnelles et beaucoup plus proches du cœur.

ÉTUDIANT : Les styles qui surgissent sont-ils déterminés karmiquement ? Y aurait-il dans chaque personne une ébauche préexistante qu'elle compléterait automatiquement ? Ou bien y a-t-il un processus spontané d'intelligence qui est en jeu ?

T. R. : Le processus est naturel et extrêmement organique, sans lignes directrices particulières. La conscience va simplement vers l'objet le plus proche et agit. Il y a évidemment divers styles reliés aux tendances habituelles de chaque élément, à leurs activités naturelles : l'eau coule, le feu brûle. Cependant, à ce niveau-là, il n'y a aucune intelligence en opération si ce n'est l'intelligence partielle qui s'évertue à ne pas voir l'arrière-plan primordial. Cela semble être la seule fonction logique ou intelligente qui a lieu. Le reste est passablement animal.

ÉTUDIANT : Si les styles névrotiques se fondent sur notre type physique, sur quoi les cinq styles éveillés se fondent-ils ?

T. R. : Il ne s'agit que d'une analogie. Vous avez probablement raison [de dire que le type de comportement se fonde sur le type physique], mais je ne crois pas que cela ait un rapport quelconque avec la névrose ou la réalité particulières de chacun. C'est simplement une façon de fonctionner ; quand on a un corps, il faut fonctionner d'une certaine façon, mais il n'y a pas de lignes directrices particulières.

ÉTUDIANT : Y a-t-il une raison quelconque pour laquelle une personne tomberait dans un style donné plutôt que dans un autre ? Quelque chose faisant partie du tempérament ?

T. R. : Je crois que tout dépend des différentes formes d'irritation qui surgissent lorsqu'on entre en relation avec la toile de fond de l'ego, des irritations reliées à la façon dont on s'organise pour masquer la réalité ou s'en désintéresser. Il y a de nombreux aspects de cette question qu'il est possible d'aborder de diverses façons.

ÉT. : Cela se poursuivrait-il d'une vie à une autre ?

T. R. : Non, pas nécessairement. C'est plutôt dans le quotidien que cela arrive.

ÉTUDIANT : Je crois que nous sommes en train de faire le tour des huit niveaux de conscience[1]. Nous avons déjà parlé de l'alaya, puis vous avez commencé à expliquer la notion fondamentale de dualité qui apparaît dans le *nyön yi* [septième conscience]. Comment cela s'applique-t-il aux autres états de conscience ? Le fait de s'étendre dans les six autres consciences contribue-t-il à accroître simplement la confusion ?

T. R. : Théoriquement, ce dont nous parlons ici se produit au niveau de la sixième conscience, l'esprit ou faculté mentale, qui établit un rapport avec les perceptions sensorielles. Mais je crois que cela pourrait s'appliquer aussi à un grand nombre de domaines à part la conscience, et notamment à la sensation et à la perception ou impulsion, qui sont d'autres skandhas[2]. C'est un état extrêmement précoce et à vrai dire rien n'est vraiment établi. On cherche encore en tâtonnant à mettre en place un système, et on est loin d'avoir formulé des règlements ou des styles ; pour l'instant, il n'y a que du tâtonnement. C'est le niveau de la sensation, le deuxième skandha.

1. Voir note p. 116.
2. Voir note p. 169-170.

ÉTUDIANT : En parlant de la motivation qui sous-tend ces différents styles, vous avez affirmé qu'un aspect de celle-ci était le désir d'éviter l'ennui. Par la suite, vous avez parlé de nos efforts pour éviter le risque de nous fondre dans l'arrière-plan. Je suis perdu. Vous avez mentionné ces deux aspects, et je ne vois pas comment ils s'agencent entre eux.

T. R. : En fait, il semblerait que les motivations soient nombreuses. Ce ne sont que deux motivations choisies au hasard. Il existe des centaines d'autres possibilités reliées à un grand nombre de zones d'irritation et d'incertitude ; il y a des centaines de zones d'irritation et d'incertitude, elles sont très nombreuses. Puis il y a aussi le fait d'errer dans une espèce de stupidité animale et de laisser simplement les situations coïncider au hasard, ce qui constitue une autre approche. Traditionnellement, la motivation se divise ici en trois aspects qui relèvent de la passion, de l'agression et de l'ignorance. Toutefois, à l'intérieur de ce cadre, un grand nombre de descriptions sont possibles ; en fait, il existerait apparemment quatre-vingt-quatre mille variations.

ÉTUDIANT : Il me semble que vous avez parlé d'un blocage par rapport à l'ignorance et à la confusion. Ce blocage nous empêche-t-il d'explorer la question de savoir si nous existons ou non, la question de l'existence et de la non-existence ?

T. R. : L'idée d'existence et de non-existence ne s'est jamais présentée, pour une raison ou pour une autre, mais elle pourrait quand même surgir. Quand cette idée se manifeste, elle amène la possibilité de la non-existence : l'intelligence commence à s'observer, à repérer un certain nombre d'attitudes douteuses et à les démasquer. Mais, avant d'avoir entendu parler de la non-existence, c'est strictement impossible. C'est pourquoi il peut être si bouleversant d'entendre les enseignements. Avant d'avoir entendu les enseignements, les choses fonctionnent d'une manière apparemment harmonieuse. Il existe une espèce d'entente tacite selon laquelle on ne parle jamais de ces choses-là et, dans ce cas particulier, on n'y pense même pas.

ÉTUDIANT : Lorsque Naropa saute des toits ou se jette dans un feu de bois de santal, cela symbolise-t-il son désir d'explorer toute la question de l'existence et de la non-existence et la capacité qu'il avait acquise de venir à bout des blocages ?

T. R. : Je crois que la vie de Naropa nous offre énormément de parallèles : il épouse la fille du roi, puis le royaume disparaît et une foule d'autres choses de ce genre se passent. Elles sont toutes reliées de près à ce dont nous parlons. Il existe une certaine réalité, mais celle-ci est aussi très douloureuse. Après avoir fait l'expérience de la réalité douloureuse, une fois qu'on a l'impression d'avoir bien su établir un rapport avec elle, on s'aperçoit en fin de compte que tout cela n'existe pas. Ce qui est également très douloureux parce qu'on croyait au moins avoir atteint quelque chose. On croyait avoir brisé la glace, puis on s'aperçoit d'un seul coup qu'il n'existe aucune glace à briser. C'est ce type de situation qui constitue la nature du cheminement.

ÉTUDIANT : L'existence de ces quatre-vingt-quatre mille styles signifie-t-elle qu'il est impossible de faire l'expérience de la condition humaine d'une façon qui ne soit pas conditionnée par l'un d'entre eux ? Existe-t-il un autre type de condition humaine en dehors de ces styles ?

T. R. : Ces styles ne se limitent pas à quatre-vingt-quatre mille, il en existe des centaines de milliers. En d'autres termes, impossible d'avoir un manuel complet de ce que pourrait être la condition humaine. On n'est pas en mesure de suivre tous les détails, on peut seulement faire un survol de la situation. On peut voir d'où dérivent ces styles et où ils se dirigent, ce qui revient d'ailleurs au même. C'est comme l'analogie des rivières qui se jettent toutes dans la mer : c'est un phénomène qu'il est possible de prédire, même sans connaître le nom de toutes les rivières du monde. Il existe un certain nombre de conclusions générales qu'on peut tirer. Dans ce cas, l'idée essentielle est qu'on essaie d'exister, qu'on essaie de vivre sa vie sans se faire du mal, sans subir la moindre douleur, même la plus légère. On essaie tout bonnement d'obtenir la liberté totale et le plaisir total. Et, dans un certain sens, les enseignements représentent le contraire de cela. Ils nous disent que ce n'est pas vraiment la voie à suivre. Non seulement nous sommes incapables de survivre, mais nous ne parvenons même pas à exister, encore moins à survivre. La survie est le contraire [de la bonne approche]. Nous avons compris de travers, voyez-vous, et il nous faut donc revenir à la case départ.

ÉTUDIANT : D'après moi, la personne qui vient de poser la question voulait savoir s'il était possible d'éviter ces styles et d'avoir une expérience ouverte d'être humain sans être conditionné par eux.

T. R. : Ces styles sont identiques à leurs contenus. Ce n'est pas possible. Je ne peux pas le concevoir.

ÉT. : Comment la multiplicité et la diversité de ces styles surgissent-elles de cette énergie fondamentale unique ?

T. R. : Il n'est pas nécessaire que cette énergie ou approche fondamentale unique se limite à produire une autre énergie seulement ; en fait, elle pourrait en produire un grand nombre. Par exemple, dans un seul et même orage, il y a des centaines de gouttes de pluie. C'est possible, c'est concevable, et cela arrive réellement. C'est comme l'histoire des aveugles décrivant l'éléphant : chacun a une version différente, mais le fait même qu'ils soient prêts à reconnaître leur cécité leur permet d'en tirer un grand nombre d'autres conclusions.

ÉT. : Il me semble qu'il faudrait une dualité, un deuxième élément pour empiéter sur cette unité.

T. R. : Cela arrive probablement au moment de quitter l'unité. Au moment où l'on va en sortir, on se brise en des reflets multiples.

ÉT. : Mais qu'est-ce qui fait qu'on se brise ?

T. R. : Ce qui fait qu'on se brise, c'est qu'il y a davantage de place pour jouer. Dès qu'on n'est plus restreint par l'unité, on découvre différentes façons de rompre avec celle-ci – ou, encore mieux, de se complaire dans la liberté. Chacun découvre une façon différente de se complaire dans la liberté. Mettons que vous avez six frères et sept sœurs. Vous avez beau venir tous du même foyer paternel, lorsque vous vous détachez des contraintes familiales, vous établissez chacun votre propre style de vie, simplement parce que vous n'êtes plus limité par l'autorité de vos parents. La rupture se fait parce que vous voulez avoir une preuve de votre existence. C'est de là que naissent les différents styles.

ÉT. : Mais si l'arrière-plan primordial est le même pour tout le monde, comment se fait-il que les styles soient différents ?

T. R. : C'est précisément parce que l'arrière-plan primordial est le même pour tous qu'il peut y avoir des différences. Autrement, si l'arrière-plan était différent, les expressions seraient identiques. Il vaudrait la peine d'y réfléchir, en fait. L'arrière-plan primordial est un ; non pas qu'il soit une même entité, mais il est omniprésent, il s'étend partout. Puis, à partir de là, il arrive quelque chose qui nous permet de sortir, et, à mesure que nous sortons, nous découvrons des possibilités de nous déplacer dans cet espace si grand. Celles-ci proviennent du fait même que l'espace est grand, qu'il englobe tout.

ÉT. : Il s'agit donc d'une interaction entre nous et l'espace.

T. R. : C'est comme avoir un grand parquet : finalement vous pouvez vous mettre à danser, à vous déplacer. Vous parvenez à bouger à cause de l'unité qui existe entre vous et l'espace. L'unité vous permet de vous déplacer encore plus. Elle vous donne un certain type de liberté. Dans ce cas, la liberté en question est quelque peu déformée, mais le processus n'en demeure pas moins la recherche d'une liberté ou la démonstration de votre liberté.

ÉTUDIANT : Existe-t-il un rapport préétabli entre les styles d'ignorance et d'intelligence représentés dans le mandala et la forme que ceux-ci peuvent prendre sur le plan de l'être humain ? Est-ce que tout est prédéterminé avant de prendre une forme humaine, ou au contraire s'agit-il de quelque chose d'acquis au contact des autres, qui prend forme à mesure qu'on grandit chez soi avec ses six frères et sept sœurs avant de partir de la maison ?

T. R. : C'est très difficile de répondre à cette question. Je pense qu'il s'agit plutôt d'un accident, d'un hasard disons. Cependant, il existe un facteur déterminant qui a tendance à créer ce hasard. Je dirais donc que c'est les deux à la fois, que les deux éléments sont présents en même temps. Ce n'est pas très bien défini. On est prédisposé, d'entrée de jeu, à avoir beaucoup d'accidents. Puis, à mesure que s'épanouit l'intelligence et que mûrit la préparation à recevoir les enseignements, cette prédisposition aux accidents augmente. Les accidents sont provoqués en quelque sorte par une sorte d'intelligence qui apparaît lorsque la stratégie de base s'affaiblit. Le démantèlement graduel de la stratégie de base réduit le nombre des mécanismes de défense, ce qui explique pourquoi on est enclin à avoir plus d'accidents.

ÉTUDIANT : Vous avez dit qu'il y a d'abord une unité fondamentale qui imprègne tout, puis soudain il se produit une situation dualiste quelconque qui, si j'ai bien compris, correspond au premier skandha. Pourtant, une chose n'est pas claire : vous avez dit qu'on peut se déplacer parce qu'on fait un avec l'espace. Dans une telle situation, on fait un et on ne fait pas un à la fois, ce qui me semble assez paradoxal.

T. R. : Je crois que c'est effectivement le cas… Il serait bien sûr possible de tout intellectualiser et de le transposer selon la logique madhyamaka. Cependant, dans la mesure du possible, tâchons d'éviter cela. A ce stade, c'est l'approche expérientielle qui s'avère la plus efficace. Donc [du point de vue de l'expérience], pour accomplir une expérience, il faut avoir la possibilité de danser avec elle. Il faut avoir la possibilité de jouer, d'explorer. Par la suite, il serait possible de dire que chaque type d'exploration constitue une manifestation différente, mais cela fait quand même partie d'un seul et grand jeu. C'est du pareil au même. Il existe une analogie traditionnelle selon laquelle un mala [chapelet] compte un grain et non cent, parce que cent morceaux ne font pas un mala.

ÉT. : Y aurait-il quelque chose dans la totalité de l'ignorance, dans la manière dont l'ignorance couvre complètement l'arrière-plan primordial, qui serait identique à la façon dont cet arrière-plan est couvert par chacune de ces énergies primordiales ? Du point de vue de l'expérience, j'entends.

T. R. : Oui, autrement il serait impossible de fonctionner. Ce que je veux dire, c'est qu'il y a une force motrice qui nous pousse.

ÉT. : Donc, l'intelligence entretient un certain rapport avec la totalité de l'ignorance ?

T. R. : Oui, c'est pourquoi l'intelligence – c'est-à-dire le message des enseignements – devient plus menaçante. Il n'y a plus de fuite possible : tout l'espace est entièrement couvert.

ÉT. : L'énergie de base peut-elle changer au cours de notre vie, à mesure que nous progressons de l'enfance à l'âge adulte ?

T. R. : On peut sans doute changer d'avis par rapport à certaines choses, mais l'énergie de base demeure la même. Il ne faut pas faire tout un plat du passage de l'enfance à l'âge adulte. Il s'agit tout simplement de devenir professionnel. C'est comme apprendre à ouvrir une bouteille de vin avec un tire-bouchon : la première fois, vous mettrez peut-être du vin partout, les deuxième et troisième fois, ça ira mieux, et la cinquième vous aurez déjà le tour de main. En soi, ce développement n'a rien à voir avec l'énergie fondamentale ; ce n'est que le perfectionnement de la coordination corps-esprit.

ÉTUDIANT : Vous avez parlé des tentatives pour colmater la brèche. Cette brèche est-elle la même pour tous ?

T. R. : Il s'agit moins de savoir si la brèche est la même pour tous que de connaître les caractéristiques de la limite, de savoir si elle est épaisse ou mince. La brèche est toujours la même. On pourrait dire que la brèche dépend de la limite.

ÉT. : Je ne comprends pas. Est-ce que la brèche est de l'ennui, ou autre chose ?

T. R. : Elle est n'importe quoi. Elle est tout ce que notre énergie ne peut pas s'approprier. Elle est légèrement étrangère, même si elle fait partie de nous. Elle pourrait être de l'ennui, de l'incertitude, de l'ignorance, n'importe quelle brèche… n'importe quelle absence d'ego, en l'occurrence, mais nous y reviendrons sans doute plus tard.

ÉT. : S'agit-il d'une sensation de panique qui serait une forme d'intelligence ? Parlez-vous d'une manifestation de l'intelligence ?

T. R. : Tout dépend de ce qui arrive après la panique. En soi, la panique renferme une certaine intelligence. Et si, après avoir paniqué, on ne tente pas de se distraire encore davantage, si on se permet de rester un tant soit peu en suspens, alors cette panique s'approche beaucoup plus de la réalité ; elle est plus dharmique, si je peux employer une telle expression.

ÉT. : Elle est consciente de ce qui se passe d'une façon plus précise ?

T. R. : Oui. Alors que, dans l'autre type de panique, on continue tout bêtement à plonger dans l'eau profonde.

ÉT. : Comment faire pour rester en suspens ? Quel processus nous mène dans cette direction plutôt que vers la plongée ?

T. R. : Eh bien, au cours de ce stage, nous essayons de travailler sur l'expérience personnelle au lieu de mettre au point des lignes directrices pour résoudre des problèmes. Il s'agit donc moins de savoir comment faire que de se laisser posséder par la panique. En règle générale, lorsque surgit la panique, on essaie de l'écarter et de s'occuper d'autre chose. C'est comparable à une situation courante dans un couple où la femme serait en train de paniquer complètement alors que son mari tenterait de la rasséréner, de la rassurer. Il y a en nous une voix très raisonnable qui nous dit : « C'est ton imagination, voyons. Tout va bien aller. Ne t'en fais pas. Repose-toi, bois un verre de lait. » Mais si, au lieu d'adopter cette approche, on entre dans la panique au point de devenir la panique, alors celle-ci contiendra énormément d'espace. En fait, la panique est pleine de bulles d'air, pour ainsi dire, pleine d'espace, toujours pétillante. Elle est très spacieuse et un peu désagréable en surface, mais, en fin de compte, elle pourrait bien être réelle. On s'aperçoit alors qu'on est suspendu au milieu de la panique, ce qui équivaut à être suspendu dans l'espace. On dirait une pub de Coca-Cola !

ÉTUDIANT : Lorsqu'on se trouve dans une situation irritante ou inconfortable, le style reste-t-il le même pendant toute la durée de la situation ou bien changet-il d'instant en instant ? Est-ce qu'il change chaque fois qu'un nouveau problème se présente ?

T. R. : Cela dépend de la zone dans laquelle vous fonctionnez. Parfois le style change très rapidement alors qu'à d'autres moments il demeure très solide. Tout dépend de votre point de référence.

ÉT. : Du type de problème qui se présente ?

T. R. : Oui, du type de problème qui se présente, mais aussi des échos que vous recevez du point de référence dans le monde extérieur et des effets que ces échos ont sur la situation globale. En général, on agit en conséquence et on adapte son style.

ÉT. : Est-ce que tout serait conditionné par les situations, alors ? On n'aurait pas de personnalité, et, après la rupture fondamentale, on produirait simplement cinq types de réponses en fonction des situations ?

T. R. : On n'est pas uniquement façonné par les situations. Il existe en même temps un élément qui ferme les yeux sur l'ignorance fondamentale. Si l'être humain réagissait purement en fonction de la situation, s'il n'avait pas de personnalité, quand apprendrait-il ? Incapable d'apprendre, il ne ferait que réagir sans cesse aux situations, ballotté çà et là comme une balle de ping-pong. Il ne pourrait pas développer l'ego, il ne pourrait pas devenir quoi que ce soit. Il rebondirait sans arrêt jusqu'à sa mort, et même après… (en fait, ça, on n'en sait rien).

ÉT. : Je ne voulais pas dire qu'on n'a pas d'intelligence, mais pas de style particulier.

T. R. : Le style *est* l'intelligence. Nous recueillons peu à peu des renseignements sur le moment où les choses ont mal tourné et le moyen de corriger l'erreur. Nous tenons un registre et accumulons de l'expérience jusqu'à devenir des professionnels. Alors, rendus à ce stade, d'autres pourront venir nous consulter, car nous serons en mesure de leur donner des conseils d'expert sur la façon de s'y prendre. Même si ce stade n'est qu'une expression professionnelle de l'ignorance, il y a quand même un certain accomplissement qui a lieu.

ÉT. : Si le style lui-même est intelligence et que cette intelligence provient de l'énergie primordiale qui est une, je ne vois toujours pas quand ni où la diversité pourrait se produire.

T. R. : Je crois qu'il subsiste un malentendu au sujet de l'intelligence primordiale. Quand nous employons cette expression pour parler de l'intelligence primordiale au niveau de l'ego, il ne s'agit pas d'une intelligence unique, mais de toutes les formes d'intelligence. Nous n'abordons pas l'un et le multiple séparément, nous parlons en même temps de l'un et du tout. « Tout » et « un » en même temps.

ÉT. : Cela me fait penser à une autre question que je me pose. Lorsque se produit la rupture fondamentale par rapport à l'alaya, cette rupture qui a lieu dans le premier skandha, est-ce que chaque personne a sa propre forme particulière de rupture ou bien y a-t-il une seule rupture qui aurait créé tout cela ?

T. R. : C'est tout de l'espace, de l'espace immense qui s'étend partout. Vous n'existez pas uniquement sous la forme d'un petit ego fondamental et désorienté. Votre ego est grand, il est gigantesque. Vous avez un ego qui s'étend partout. Mais, bien sûr, quelqu'un d'autre pourrait lui aussi avoir un ego qui s'étendrait partout et qui serait quand même différent du vôtre. Je ne veux pas dire que nous sommes tous les enfants d'un même ego. Chacun a son ego, chacun a son arrière-plan primordial, mais ils sont tous grands.

ÉT. : Il y a donc un nombre infini d'alayas.

T. R. : Oui, bien entendu. Cette question a d'ailleurs donné lieu a un débat important dans la philosophie tantrique, certains soutenant qu'il n'y a qu'un seul alaya et d'autres que l'alaya est multiple. La controverse s'est poursuivie jusqu'au jour où on a finalement constaté qu'il y a un grand nombre d'alayas.

ÉTUDIANT : Rinpoché, dans la mesure où l'expérience du moment présent est tout ce qui existe, ne serait-il pas logique de dire que ce que nous nommons personnalité ou style n'est rien d'autre qu'une collection de souvenirs, des échos d'anciens moments présents ? Dans ce cas, ne s'agirait-il pas de quelque chose qui n'est pas organique mais mort, quelque chose qui est purement dans le passé, des traces ?

T. R. : Il est possible qu'un certain aspect de la mémoire contribue à rigidifier notre névrose à mesure que nous vieillissons. La mémoire devient plus osée, une experte en dépannage, pour ainsi dire. Mais, en même temps, nous dépendons aussi de certains messages qui dérivent de ce qui existe réellement dans notre vie. Habituellement, ces messages nous alimentent, puis nous les rangeons dans les casiers de notre mémoire. Ce n'est pas exactement de la mémoire en tant que telle. Ce n'est qu'une impression historique préservée dans notre esprit, la somme des mauvaises et des bonnes expériences, et non de la mémoire au sens du rappel de détails concrets. Nous recevons des choses telles qu'elles sont certaines impressions qui ont tendance à coïncider avec des éléments de notre situation existentielle, puis nous nourrissons notre mémoire de ces concepts. Tout est donc bâti à partir d'un monde de rêve, d'un monde fictif, en quelque sorte.

ÉTUDIANT : Vous avez dit beaucoup de choses au sujet de la rupture fondamentale par rapport à l'alaya qui me font penser à l'esprit unique. Or j'avais l'impression que celui-ci ne faisait pas partie de la tradition bouddhique. L'alaya est-il la même chose que l'esprit unique ? Il me semble que l'alaya serait l'état d'ignorance, tandis que l'esprit unique serait l'état d'éveil. Y a-t-il en somme deux sphères fondamentales entre lesquelles nous oscillons constamment ? Ou alors est-ce comme dans la tradition hindouiste, dont le but est de faire un avec l'esprit unique ?

T. R. : Eh bien, tant qu'à théoriser, vous pourriez concevoir un grand esprit unique dans lequel tout serait inclus. Cependant, sur le plan de l'expérience, qui pour nous est très réel, la totalité que nous expérimentons est bel et bien la nôtre. Vos voisins peuvent très bien continuer à se démener sur le champ de bataille samsarique pendant que vous faites l'expérience de l'esprit unique. Ce sont deux mondes entièrement différents.

Nous parlons de l'expérience au niveau de ce qui se passe maintenant, de ce qu'il nous arrive en ce moment. Même si nous faisons l'expérience du *vrai* esprit unique, il est inutile de nous demander si ce *vrai* esprit unique est celui de quelqu'un d'autre ou si c'est notre esprit que nous découvrons. Il ne servirait à rien, à ce stade, de couper les cheveux en quatre, puisque nous aurions notamment déjà réalisé l'esprit unique et que nous n'éprouverions plus le moindre désir de continuer à définir notre territoire pour savoir si l'esprit en question nous appartient ou si l'esprit de quelqu'un d'autre est contenu en lui, ou en nous.

ÉT. : Mais lorsque les gens parlent de la séparation par rapport à l'un, s'agit-il de l'alaya ?

T. R. : Oui, de l'alaya.

ÉT. : Pourquoi pas du dharmakaya ?

T. R. : Nous n'en sommes pas encore là. Nous arrivons à peine à la moitié du chemin, nous sommes encore dans le territoire du samsara, qui est un domaine très personnel pour nous. Si nous nous mettions à discuter du dharmakaya, ce serait de la fiction. Nous parlons du niveau que nous sommes réellement en mesure d'expérimenter ou de comprendre.

3

L'instinct et la perspective du mandala

Poursuivons maintenant notre examen des schémas émotionnels qui se présentent dans la vie quotidienne, notamment en ce qui concerne la nature de leur manifestation. La différence entre le mode d'existence de ces schémas et leur mode de manifestation donne lieu à certains conflits. Cette différence fait constamment problème. En fait, il ne s'agit pas d'un problème fondamental, mais le processus consistant à passer en revue ce qui nous arrive pose néanmoins des problèmes.

La manière dont on existe est très ordinaire et très simple. Il y a un afflux d'énergies sous la forme d'émotions, ponctuées de temps en temps par des éclairs d'ignorance et de stupidité, et, dans le cas de quelqu'un qui suit la voie du dharma, par des éclairs d'une conscience d'un autre ordre, une conscience au cœur vide, pourrait-on dire. La conscience en question opère dans une zone où l'ego n'existe pas, une zone où il est impossible de continuer à se faire du cinéma pour se distraire avec une vague sensation d'espoir. Cette zone se caractérise plutôt par une sorte d'absence d'espoir.

Quant au mode de manifestation, il est très conditionnel. On reçoit un genre de plan ou de schéma, comprenant des données sur la manière dont les choses fonctionnent et surgissent, et on essaie en même temps d'interpréter ces données. Entre le moment où on reçoit l'information et le moment où on l'interprète, quelque chose se perd, en règle générale. On a toujours tendance à exagérer, à passer à côté, ce qui crée une brèche énorme. Cependant, cet état de choses est une autre forme de vérité : il est vrai dans sa fausseté même, qui n'en constitue pas moins une espèce de réalité. Nous sommes obligés de l'avouer.

Le résultat final de ce processus est que les choses deviennent extraordinairement compliquées et détaillées. Et le moindre aspect de celui-ci est extrêmement significatif pour nous. Ce semble être la tendance générale.

Bien que ce processus aboutisse à des complexités énormes, celles-ci se manifestent quand même selon certains styles ou configurations, qui sont extrêmement nombreux. Impossible de faire des prévisions systématiques sur les résultats précis du processus et la façon précise dont il va se dérouler ; impossible d'étudier les modes de comportement et d'en noter tous les détails sur une fiche signalétique. Nous devons nous contenter de dégager les grandes lignes du processus. La seule approche possible consiste à tâcher, dans la mesure du possible, de percevoir la dynamique générale, sans nous efforcer d'en interpréter tous les détails.

Nous avons également la qualité méfiante du jugement porté dans le processus d'interprétation. Le guetteur ou commentateur a son propre ton de voix et sa façon particulière d'exprimer les choses, et son approche est extraordinairement méfiante.

Selon le point de vue bouddhique traditionnel sur la question de la réalité ou de la vérité, nous ne sommes en mesure de percevoir ni l'une ni l'autre. Cela ne signifie nullement qu'elles n'existent pas, mais que notre perception – si tant est que nous en ayons une – se conforme à une perspective et à un langage particuliers, et qu'elle est colorée selon notre style individuel et notre propre façon de regarder les choses.

Par exemple, il nous arrive parfois de perdre pied, de déraper, de sentir que, dans le fond, notre existence égoïque n'a aucune substance. Mais cette absence d'assise solide, cette non-existence n'est pas visible. Il est d'ailleurs impossible de démontrer logiquement qu'elle existe et fonctionne. Dès qu'on a recours à un langage systématique pour exprimer l'inexistence de l'ego, dès qu'on tente de l'expliciter pour démontrer qu'elle existe effectivement, on aboutit à une expression amplifiée de l'ego, une nouvelle façon de prouver qu'on existe malgré tout, même dissimulée sous la forme de l'inexistence. Alors le processus devient très compliqué et très déconcertant.

Si nous voulons réaliser effectivement la perspective du mandala, il nous faut donc un point de vue aérien, une perspective complète et totale. Et, pour y accéder, nous devons être prêts à abandonner les détails et les directions.

Nous pourrions nous demander : « Qu'est-ce qui restera si j'abandonne les détails ? » Eh bien, pas grand-chose… et en même temps beaucoup. Évitons pourtant d'aborder cette question sur le mode intellectuel. Il suffit de s'y mettre, c'est tout.

Comprendre le principe du mandala n'est pas une question de mettre la main sur un mandala de bonne qualité, comme un marchand expert estimant la valeur d'une pièce. Le mandala est le produit de la non-pensée ; en même temps, il est le produit d'une immense sensibilité, ou plutôt d'un instinct très puissant. La perspective d'un instinct dénué de logique nous permet de faire l'expérience du principe du mandala.

Cela nous ramène à la pratique de la méditation. La méditation a été inventée par l'être humain ; cela va de soi, parce qu'autrement il n'y aurait pas de méditation. C'est une version de l'éveil inventée par l'être humain. En même temps, la pratique de la méditation s'accompagne d'une sensation de grande difficulté, comme s'il s'agissait d'une épreuve très pénible. Il n'est pas facile de méditer. Il est beaucoup plus difficile de s'asseoir et de ne rien faire que d'être actif. Curieusement, de la pratique de la méditation jaillit un certain mode d'être. On parvient à un état qui est totalement dépourvu d'espoir et sans la moindre chance de survie. C'est par la pratique de la méditation qu'on accède graduellement à cette sensation de non-espoir et de non-survie. Parfois, on a même l'impression de régresser. Puis, à un certain moment, on commence à pénétrer dans une région inexplorée, dans une zone qui n'a pas encore été découverte. Cette région inexplorée s'avère intéressante, car elle possède les qualités de l'instinct.

Il est impossible de maîtriser l'instinct par le biais de l'efficacité. L'instinct doit mûrir suivant un processus naturel et organique. Pour réaliser le principe du mandala, il est donc nécessaire de se soumettre au côté artificiel d'une technique de méditation. Si on le fait, on commence à éprouver une certaine déception, qui amène à son tour beaucoup d'espace et exagère l'aspect organique et instinctuel. Voilà donc la base de travail qui nous permettra d'étudier le mandala et les cinq principes-de-bouddha. Il est très important de comprendre que l'étude est étroitement liée à la pratique et qu'elle exige beaucoup de discipline.

ÉTUDIANT : Le principe du mandala est-il lui-même le processus ou, au contraire, le processus artificiel de la méditation, avec sa déception et sa découverte de l'instinct, nous mène-t-il au point où nous comprenons le principe du mandala ?

T. R. : Le fait de comprendre le principe est peut-être un processus, mais le produit de la compréhension existe de lui-même. C'est comme creuser la terre pour déterrer un trésor : le trésor est déjà là. L'action de creuser est organique, elle exige du travail et de l'effort. Et, une fois qu'on a déterré le trésor, il est là. De ce point de vue, le processus n'est que provisoire.

ÉTUDIANT : Je ne comprends pas ce qu'est un mandala. Je suis conscient que c'est autre chose que les illustrations qu'on voit dans les livres. S'agit-il d'images symbolisant le processus que vous avez décrit ?

T. R. : Il y a, d'une part, le symbolisme du mandala et, d'autre part, le principe de base du mandala. En tant que principe de base, le mandala est tout le contenu du quotidien, y compris les êtres animés et les objets inanimés, la forme et ce qui n'a pas de forme, l'émotion et la non-émotion. Partout où il existe une relation, où il existe un lien avec un point de référence quelconque, il est possible de trouver le principe du mandala. Je ne parle pas de points de référence au niveau conceptuel, mais au niveau des choses telles qu'elles sont. Par exemple, la lumière et l'ombre ne sont pas particulièrement influencées par les concepts, mais elles sont naturelles et organiques. Partout où il existe ce type de point de référence, nous découvrons le principe du mandala.

Le mot *mandala* signifie littéralement « groupe », « société », « organisation », tout ce qui est en relation réciproque. Cela rappelle l'idée de l'accumulation d'un grand nombre de détails individuels formant un tout lorsqu'ils sont réunis ensemble. Les Écritures emploient l'analogie de la queue du yak. Celle-ci est constituée d'un très grand nombre de poils individuels, mais ce qu'on voit est l'abondante touffe de poils. On ne peut pas prendre chaque poil isolément.

ÉTUDIANT : Vous avez parlé d'abandonner les détails et les directions afin d'accéder à un point de vue aérien. Ne faudrait-il pas se méfier un peu ? Il me semble qu'on pourrait s'embourber dans l'ignorance ou alors devenir une sorte de zombi.

T. R. : Il s'agirait plutôt de reconnaître que, si vous êtes déjà pris dans l'ignorance, vous n'avez rien à abandonner, puisque vous n'avez, de toute façon, aucune conscience des détails. Et si vous avez réellement quelque chose à abandonner, c'est-à-dire si vous avez une certaine conscience de l'existence des détails, alors vous pouvez la contourner ou la transcender, ce qui rend les détails encore plus réels. Plus vous les abandonnez, plus ils sont présents. Et puis, il ne faut pas croire qu'on peut les abandonner comme ça, tout simplement ; ce n'est pas possible. Une pratique constante s'avère indispensable.

ÉT. : Dans le travail sur les émotions, est-ce que cela ne reviendrait pas à dire que nous ne devons pas les manipuler, mais au contraire les laisser s'emparer de nous ? Et laisser aussi la panique s'emparer de nous lorsqu'elle surgit ? Devrions-nous éviter d'être préoccupés par le « ceci » et le « cela » dans le rapport aux émotions, ne pas nous efforcer d'en faire quelque chose ou de leur donner une direction ? Est-ce cela le point de vue aérien par rapport aux émotions ?

T. R. : Oui, dans une certaine mesure, j'imagine. Cependant, dans ce cas, laisser les émotions s'emparer de vous ne signifie pas forcément leur être assujetti. Cela reviendrait à laisser les émotions vous envahir et non s'emparer de vous ; elles se dirigeraient alors vers l'intérieur et non vers l'extérieur. Par contre, les réprimer équivaudrait à les rejeter. Donc, en définitive, il faut les laisser être complètement. De cette façon, les émotions pourront fonctionner librement, libres de toute forme de fardeau : physique, psychologique ou autre. Ce mode de fonctionnement a été comparé traditionnellement à un nuage qui apparaît dans le ciel, puis s'y dissout. Cette manière de laisser-être ne revient pas exactement à ne rien faire ; c'est aussi un moyen de faire l'expérience des émotions. Si nous ne les laissons pas être telles qu'elles sont, nous ne pouvons en faire l'expérience.

ÉT. : Ce qu'on abandonne alors est la tendance à vouloir en faire quelque chose ?

T. R. : Oui, c'est exact. Dès qu'on se met à en faire quelque chose, il n'y a plus de liberté. Il n'y a que de l'emprisonnement : on est piégé par les émotions.

ÉTUDIANT : Quel est le lien entre la liberté que vous venez de décrire et celle dont vous avez parlé auparavant ? Vous avez dit que le rapport que les cinq principes-de-bouddha entretiennent avec l'ignorance fondamentale est une forme de liberté, la liberté de pouvoir se déplacer parce qu'on est totalement avec l'ignorance. Quel est donc le rapport entre cette liberté et l'autre que vous venez de décrire et qui consiste à laisser être ?

T. R. : Je crois que c'est la même chose. Est-ce que ça pose un problème ?

ÉT. : C'est que je suis très dérouté. J'essaie de mettre de l'ordre dans mes idées…

T. R. : Faites attention de ne pas trop en mettre.

ÉTUDIANT : Pourriez-vous expliquer un peu plus ce que vous entendez par « instinct » ? Est-ce semblable à ce que les animaux sont censés avoir et qui leur permet de faire automatiquement la bonne action au bon moment ? Ou s'agit-il d'autre chose ?

T. R. : L'instinct, dans ce cas, est bien plus qu'un effet physique ou biologique qui se traduirait en un état de conscience ou un état d'esprit. Le mot instinct ici fait allusion à une expérience dans laquelle l'individu se sent absolument à la hauteur et peut se passer entièrement de la logique conventionnelle et de toute forme de confirmation. Il a l'impression d'entendre un récit de première main, de faire l'expérience directe des choses, d'en faire réellement l'expérience. Il ne s'observe pas faire l'expérience ; il la fait, tout simplement. C'est très direct. L'analogie traditionnelle la plus proche, dont un grand nombre de maîtres comme les siddhas Saraha et Tilopa se sont servis, est celle d'un muet qui fait l'expérience d'un goût sucré, d'un goût intensément sucré. C'est délicieux au goût. Le muet fait réellement l'expérience de ce goût sucré, il en fait merveilleusement l'expérience, mais ne peut pas la décrire, parce qu'il est muet. L'idée de mutisme ici se rapporte à l'absence d'intellectualisations, à l'absence de descriptions des détails et facettes de ce goût sucré. L'expérience est totale. C'est très différent de l'instinct animal, qui est déclenché par des conditions précises, par une situation physique ou un rapport à la situation physique. Dans ce cas, c'est une constatation de première main des choses telles qu'elles sont.

ÉTUDIANT : Vous avez parlé de la brèche qui sépare le moment où on reçoit l'information et le moment où on l'interprète. Vous avez dit que l'interprétation était fausse, mais qu'il y avait une vérité dans cette fausseté. Pourriez-vous en parler plus longuement ? Cette divergence est inévitable, n'est-ce pas ? Elle apparaît chaque fois, si j'ai bien compris.

T. R. : Oui. Il n'est pas question de vouloir l'éviter. Les choses se passent réellement ainsi ; cette divergence est bel et bien là. Il faut parvenir à une vue d'ensemble. Alors, probablement, une autre tendance se fera jour, celle de ne pas séparer le mode d'être des choses et leur mode de manifestation. Les deux se fonderont en un seul. Ce qui ne signifie pas que vous serez libre du deuxième aspect, qui est l'interprétation. Celle-ci se produira de toute façon ; cependant, vous éprouverez désormais une sorte de confiance, la confiance de savoir que, même si la divergence existe, elle n'a pas d'importance.

ÉT. : Est-ce l'idée de contourner les détails, ou plutôt d'en avoir une vue d'ensemble ? Vous avez dit que, pour voir le mandala, il faut abandonner les détails et adopter une perspective aérienne.

T. R. : Oui, en effet. Quand on commence à voir la façon dont le mandala se manifeste, on s'aperçoit qu'il contient énormément de détails.

ÉTUDIANT : Vous avez parlé d'une conscience au cœur

vide. Pourriez-vous nous dire un peu plus ce que c'est ?

T. R. : Cette expression ne se veut pas métaphysique, elle renvoie à l'expérience. Elle combine à la fois la sensation de se faire couper l'herbe sous le pied et celle de ne pouvoir s'attacher à quoi que ce soit. Ce n'est pas tout à fait la sensation de flotter, mais celle de ne pouvoir s'attarder sur rien, une sensation de calme, sans pulsations ni vacillement. C'est comme si vous explosiez tout à coup, puis vous vous dissolviez lentement dans l'atmosphère ; c'est comme une sorte d'évaporation.

ÉT. : Est-ce que nous connaissons tous cette expérience ?

T. R. : Je l'espère. Je crois en fait qu'elle est très fréquente. Il se peut que nous ne la remarquions pas, ou que nous ne lui donnions pas d'importance, mais c'est de toute façon ce que nous avons tendance à faire avec tout.

ÉTUDIANT : La brèche qui sépare la saisie de l'information de son analyse ou interprétation est-elle la brèche dans laquelle nous manifestons notre style particulier dans le mandala ?

T. R. : A l'intérieur de la brèche ?

ÉT. : Oui.

T. R. : Non, pas dans la brèche elle-même, mais au point limite, là où on commence à bâtir un pont au-dessus de la brèche. C'est le point de rencontre où on s'approche de la brèche, la zone voisine de la limite plutôt que la brèche elle-même. Il y a d'abord cette zone, et puis il y a la manifestation du mandala.

ÉT. : La méditation est-elle indispensable pour prendre conscience de la façon dont on bâtit ce pont ?

T. R. : Oui, absolument. En fait, je dirais que la méditation est le pont lui-même.

ÉTUDIANT : Quand vous avez parlé de méfiance au niveau du guetteur, est-ce que c'est parce que le guetteur obscurcit notre perception de la réalité ?

T. R. : Oui. En plus, il recueille les mauvaises informations. Soit qu'il passe à côté, soit qu'il exagère quelque chose.

ÉT. : Mais le guetteur est aussi le début du chemin, n'est-ce pas, il nous permet de commencer à voir la confusion ?

T. R. : Oui.

ÉT. : Et la confiance que nous commençons à sentir consiste à être prêts à rester dans la brèche lorsque le guetteur ne…

T. R. : Pas forcément. Il s'agit de voir la futilité du guetteur au lieu d'apprécier la brèche. Voir les activités du guetteur, la façon dont il fonctionne, son mode d'opération.

ÉTUDIANT : Je me rappelle vous avoir entendu dire une fois que les émotions ne sont pas réellement différentes des pensées, qu'elles sont une forme spéciale de pensée à laquelle nous accordons beaucoup de prestige, alors que là vous semblez affirmer qu'elles sont quelque chose de distinct.

T. R. : Les émotions sont comme des couleurs qui existent dans les pensées, plutôt qu'une espèce particulière de pensée, si l'on peut dire. Elles sont les rehauts des pensées, qui, selon la tradition, ont cinq couleurs différentes : blanc, bleu, jaune, rouge et vert. Traditionnellement, il y a ces cinq types d'émotions qui sont cinq types de pensées exagérées, mais qui ont une énergie particulière.

ÉTUDIANT : Rinpoché, vous avez dit qu'on a parfois la sensation de perdre pied et de régresser. C'est précisément à des moments comme ceux-là qu'on a le moins confiance en sa propre intelligence et en sa capacité de faire face à une situation donnée. La pratique régulière de la méditation suffit-elle à elle seule pour prendre en main ce genre de situation, ou bien doit-on faire des efforts supplémentaires ?

T. R. : Nous parlons ici en des termes très généraux. Il me semble que nous avons besoin non seulement de méditation, mais aussi de méditation en action, de méditation dans le quotidien. La méditation en action nous donne une sensation de solidité et de lucidité et nous prédispose à faire face à la vie. A son tour, cette rencontre avec la vie soulève la question de la brèche et de la zone d'énergie où se produit la perspective du mandala. Nous avons donc besoin des deux. On ne peut pas dire que la pratique de la méditation assise suffise à elle seule ; les deux doivent se compléter.

4

Les trois aspects de la perception

A ce stade, nous pourrions approfondir l'idée d'établir un rapport avec le monde. Au départ, on peut poser un certain nombre de questions très épineuses à ce sujet, par exemple : qu'est-ce que le monde ? à qui appartient-il ? que signifie réellement établir un rapport avec lui ?

On pourrait dire que, dans le fond, ce monde n'appartient à personne, puisqu'il n'y a personne en tant que tel. L'énergie qui se produit sans arrêt n'appartient à personne ; c'est un processus naturel et organique. Cependant, à partir de cette base, nous fonctionnons comme si le monde nous appartenait. Je fonctionne comme si je me possédais moi-même, comme si j'existais réellement.

Ici, l'inexistence de l'ego ne relève pas de la philosophie, mais simplement de la perception. Comme la perception est incapable de retracer son existence [à une origine], elle devient dès lors de l'énergie pure, sans déclencheur de la perception et sans aucune substance. Ce n'est rien d'autre que de la perception.

A ce niveau, la perception comporte trois aspects. Le premier est la perception en tant qu'expérience. Dans ce cas, il ne s'agit pas d'expérience au sens de confirmation de soi, mais au sens des choses telles qu'elles sont. Le blanc est blanc, le noir est noir, et ainsi de suite.

Puis il y a [le deuxième aspect], la perception de la vacuité qui est l'absence des choses telles qu'elles sont.

Les choses occupent un volume, elles sont toujours accompagnées d'une sensation de volume ou d'espace. Même si elles se présentent à l'intérieur des complexités qui caractérisent l'encombrement de l'expérience, elles fournissent leur propre espace au sein de cet encombrement. En fait, encombrement et espace sont identiques ; dans un certain sens, l'encombrement *est* espace, pour la simple raison qu'il y a du mouvement, qu'il y a danse et jeu. En même temps, il y a une qualité fuyante et intangible, qui rend le tout extrêmement lucide.

Il y a l'expérience, ensuite il y a l'espace ou vacuité, puis il y a le dernier aspect, qui s'appelle luminosité. Celle-ci n'a rien à voir avec la perception visuelle d'une lumière brillante ; c'est une sensation de limites bien définies et de clarté. Bien qu'elle soit dépourvue de points de repère théoriques ou intellectuels, sur le plan de l'expérience ordinaire, la luminosité se traduit par une sensation de clarté, la sensation de voir les choses telles qu'elles sont, sans erreur.

Il y a donc ces trois aspects de la perception : la sensation d'expérience, la sensation de vacuité et la sensation de luminosité. L'idée essentielle est que ce niveau de perception [celui qui contient les trois aspects] nous permet de voir toutes nos façons d'agir dans la vie. Que notre manière de nous conduire soit perçue comme névrosée ou éveillée, nous sommes capables de les voir toutes clairement. C'est là que semble se produire le tout premier aperçu de la perspective du mandala, le tout premier aperçu des cinq énergies-de-bouddha.

Autrement dit, les cinq types d'énergie ne se limitent pas au niveau de l'état éveillé seulement. Elles sont contenues également dans l'état de confusion. L'important est de les voir telles qu'elles sont ; qu'elles soient totalement confuses, névrosées et douloureuses ou qu'elles soient extraordinairement réjouissantes, expansives, joyeuses et drôles, peu importe. On n'essaie donc pas d'écarter ce qu'on perçoit ; on ne s'efforce pas de refaçonner le monde tel qu'on souhaiterait le voir. On voit le monde tel qu'il est, sans le refaçonner. Tout ce qui surgit fait partie des cinq principes-de-bouddha et de la configuration du mandala.

J'aimerais vous rappeler encore une fois que l'approche que nous adoptons ici est axée exclusivement sur l'expérience. Nous n'abordons pas les choses d'un point de vue philosophique, en cherchant à voir si elles existent ou non, et nous ne tentons pas non plus de les faire entrer dans le cadre conceptuel de l'expérience phénoménologique. Ce n'est pas de cela que nous parlons.

A vrai dire, les philosophes se sont souvent fourvoyés en essayant de connaître la vérité sur le mode d'être des choses au lieu d'établir un rapport avec elles sur le plan de la perception. Le résultat est qu'ils ont fini par tout théoriser complètement, sans savoir quelle pourrait être l'expérience réelle qu'on a des choses telles qu'elles sont. Si l'on théorise au sujet de l'existence du monde, de sa solidité, de son caractère éternel, etc., on se ferme à une grosse tranche de sa propre expérience, parce qu'on s'efforce trop de prouver ou d'établir les fondements [de sa position philosophique]. A tel point, d'ailleurs, qu'on finit par s'intéresser plus aux fondements de sa position qu'à la relation de celle-ci avec la terre. Et cette approche erronée s'étendrait même à la métaphysique. Cependant, dans ce cas, nous ne parlons pas de métaphysique : nous parlons, sur le plan de l'expérience, de ce que nous expérimentons dans le quotidien, et cela n'a nul besoin de confirmation théorique ni de preuves, il ne dépend de rien de la sorte. Nous parlons simplement de l'expérience quotidienne qui se produit d'instant en instant, et qui ne nécessite aucun projet de longue haleine.

La question de la perception devient alors très importante, car il est impossible de condenser la perception pour en faire des fondements solides. Les perceptions changent et fluctuent beaucoup en fonction de l'expérience qu'on acquiert dans la vie. On peut dire : « J'ai vu des nuages merveilleux au-dessus de l'Himalaya », mais cela ne signifie pas que les nuages resteront toujours là. Même si la présence de tels nuages fait partie des attributs reliés à la contemplation de l'Himalaya, on ne s'attendra pas forcément à voir toujours des nuages merveilleux chaque fois qu'on se rend dans ces montagnes. Il se peut qu'on arrive au milieu de la nuit ou lorsque le ciel est complètement dégagé.

Lorsque nous décrivons notre expérience à quelqu'un d'autre, il est possible que ce que nous avons perçu à un moment donné lui paraisse extrêmement riche, vivant et fantastique parce que nous parvenons à lui transmettre l'expérience du moment. Cependant, si nous tentons de recréer et de simuler toute l'expérience à partir du début, nous nous apercevrons que c'est impossible ; alors nous nous mettrons sans doute à philosopher et nous nous éloignerons encore plus de la réalité, quelle que soit cette réalité, d'ailleurs.

Il existe dans notre vie une précision très nette, qui provient généralement de certaines formes d'apprentissage ou de discipline, et notamment de la pratique de la méditation assise. Ce n'est pas que la pratique de la méditation assise aiguise notre perception, mais elle crée les conditions qui nous permettent de voir clairement. Il s'agit d'enlever les nuages au lieu de recréer le soleil. C'est bien là le hic de toute cette affaire.

Il se produit une expérience à peine perceptible de la réalité, une expérience très ténue et incertaine. Cependant, pour ténue qu'elle soit, elle n'en demeure pas moins extrêmement nette et précise ; elle est d'ailleurs souvent une grande source de clarté. En règle générale, le type de perception dont il est question ici dépend d'un certain type de vigilance. Dans ce cas, être vigilant ne signifie pas faire attention, ni marcher sur la pointe des pieds, mais faire l'expérience d'un aperçu subit, quel qu'il soit ; c'est faire l'expérience pure d'un aperçu subit, sans réserves.

Ce point a déjà fait problème. Il est vu comme quelque chose d'énigmatique. Si nous disons à quelqu'un : « Tu dois avoir un aperçu subit », il va probablement répondre : « De quoi ? » ; et si nous n'avons rien à lui dire au sujet de ce que c'est, il aura tendance à croire qu'il s'agit d'un exercice absurde. Pourtant, si nous pouvions changer complètement notre façon de penser, si nous parvenions à ouvrir notre esprit à quelque chose d'un peu plus grand que ce qu'on nous a déjà dit, alors nous serions en mesure de dépasser le stade où les choses se fondent exclusivement sur l'idée d'une transaction commerciale et doivent, par conséquent, rapporter un profit. Nous pourrions peut-être accéder à une conscience sans poser de conditions, sans vouloir tirer un bénéfice quelconque de cette prise de conscience, ni nous en servir pour voir une chose particulière. C'est une conscience simple et directe, une conscience qui est consciente d'elle-même, qui est consciente sans contenu particulier. Ce type de perception semble être le seul point clef. C'est la perspective clef, le microscope qui permet de percevoir les trois types de perception dont nous avons parlé.

Dans une telle optique, [voir] le mandala avec la gamme des cinq principes-de-bouddha n'a rien d'extraordinaire. Ces principes ne sont pas une chose extraordinaire à percevoir ; leur perception est très ordinaire. Le principe fondamental du mandala devient alors très simple, ce n'est rien de plus que le fait que toutes les choses sont reliées entre elles. C'est très simple et très direct.

ÉTUDIANT : Pourriez-vous parler un peu plus longuement de la perception comme expérience ?

T. R. : Peut-être devriez-vous essayer de dire quelque chose à ce sujet. Essayez de deviner.

ÉT. : S'agit-il de la perception subjective de sa propre expérience à mesure que celle-ci a lieu, malgré le fait qu'on sache quelle est subjective ?

T. R. : Vous êtes proche. Cependant, il manque encore quelque chose.

ÉT. : Faire l'expérience des choses ?

T. R. : Oui, mais lorsqu'on fait l'expérience de quelque chose, qu'est-ce qui l'accompagne ?

ÉT. : Une réaction ? Nos propres réactions ?

T. R. : Oui, mais comment s'appelle cette réaction ?

ÉT. : L'expérience ?

T. R. : Non, autre chose.

ÉT. : L'émotion ?

T. R. : Vous êtes proche.

ÉT. : Des pensées ? des perceptions ?

T. R. : Pas forcément.

ÉT. : Des réponses ?

T. R. : La force motrice des réponses, oui.

ÉT. : Alors, c'est de...

T. R. : C'est de l'énergie. Voyez-vous, il existe une certaine énergie exubérante qui accompagne la perception et l'expérience. Lorsqu'on fait l'expérience de quelque chose, on retrouve réellement ce dont on a fait l'expérience. Par exemple, lorsque vous dites : « J'ai vu un tas de merde », c'est très vif et très réel, et vous retrouvez effectivement cette énergie. Ou bien, lorsque vous dites : « J'ai vu le soleil nu » ; il y a beaucoup d'énergie derrière cela, vous en faites vraiment l'expérience, comme si vous étiez vous-même le soleil. Au moment de faire l'expérience vous devenez presque indivisible de l'objet de votre expérience. C'est ce type de communication directe, sans aucun intermédiaire.

ÉT. : Cela revient donc à plonger entièrement dans l'expérience.

T. R. : Il ne s'agit pas particulièrement de plonger. C'est accompli sur-le-champ.

ÉTUDIANT : La clarté dont vous parlez est-elle toujours reliée à une sensation d'espace ?

T. R. : Oui, je crois, sans quoi elle n'aurait pas d'acuité. Sans espace, ce serait flou.

ÉT. : Se peut-il que nous soyons tous au début des êtres lumineux, puis que nous oubliions notre luminosité ?

T. R. : Des êtres lumineux ? Ça fait penser à don Juan[1].

ÉT. : Sommes-nous lumineux au début pour ensuite oublier notre luminosité ?

T. R. : Ce n'est pas que nous soyons lumineux au début : nous le sommes maintenant. Même lorsque nous vivons de l'incertitude, nous le *sommes* toujours. Ce dont nous parlons n'est qu'une manière d'examiner à nouveau la chose, de faire le point. Il ne s'agit pas particulièrement de retracer l'évolution clinique ; c'est quelque chose de continuel. En cet instant même, nous sommes en même temps lumineux, vides et perceptifs.

ÉTUDIANT : Vous avez dit tout à l'heure, je crois, que, lorsqu'on perçoit, il y a quelque chose qui est soit perdu, soit exagéré. Est-ce parce que nous interprétons la perception ?

T. R. : Oui.

ÉT. : Ce n'est pas la perception elle-même qui crée l'exagération ?

T. R. : L'exagération se produit quand on commence à conceptualiser, quand on commence à donner des détails sur la perception.

ÉT. : Mais la perception elle-même est très précise

1. Non pas le personnage séducteur du théâtre espagnol ou de la psychanalyse, mais le sorcier yaqui des livres de Carlos Castaneda *(N.d. T.)*.

encore. En ce sens, la perception et l'expérience sont-elles identiques ?

T. R. : La perception est expérience si vous êtes là. Mais si vous n'êtes pas là, elle ne peut être expérience.

ÉT. : Si vous vous incluez vous-même dans la perception.

T. R. : Il n'y a pas de moi à inclure.

ÉT. : Cette notion qu'on a d'un moi qui perçoit, est-elle une perception elle-même ? Je parle de cette sensation d'avoir un moi que j'éprouve lorsque je fais face à la réalité, comme si j'étais une entreprise commerciale obligée de négocier avec ce qui m'entoure. Est-ce une perception ?

T. R. : Non, parce qu'elle a besoin d'autres pensées pour la confirmer. La perception réelle est la première pensée.

ÉT. : Comment savoir si nous pouvons faire confiance à nos perceptions ?

T. R. : Si vous savez qu'il n'y a pas de « nous » proprement dit, les choses ont alors tendance à se dérouler sans complications.

ÉT. : Mais comment savoir si je dois faire confiance à mes perceptions ?

T. R. : Vous pouvez reformuler la question autant de fois que vous voulez, cela revient toujours au même.

ÉT. : Eh bien, comment distinguer la perception de la projection ?

T. R. : Dans le cas de la projection, vous vous attendez à avoir un écho qui confirme votre existence. La perception, elle, est simplement une antenne qui existe.

ÉT. : Vous semblez dire que la confusion, ou la distorsion des perceptions, se produit parce que celui qui perçoit veut faire quelque chose de cette perception, parce que, d'une manière ou d'une autre, il souhaite agir en fonction de ce qu'il perçoit. La confusion primitive dont vous avez parlé au tout début surgit-elle de la même source ?

T. R. : Oui, c'est cela dont nous parlons. Quand nous discutons de l'ego ou du moi, c'est à cet état primordial que nous faisons allusion, à cet état primitif d'être *ceci*, à cette fixation solide. Alors oui, c'est bien de cela qu'il est question.

ÉT. : Vous avez décrit cet état primordial de *ceci* comme une sorte de point de repère non conceptuel et vous avez dit que le principe du mandala existe chaque fois qu'il y a un point de repère. Cette impression de ceci est-elle le même type de point de repère d'où naît le principe ou perspective du mandala ?

T. R. : Là, les choses se compliquent un peu. La difficulté est la suivante : du moment que vous avez un point de repère, celui-ci constitue déjà une sorte de croyance primitive. Par la suite, vous vous rendez compte qu'il n'y a personne pour réagir à ce point de repère, ce qui vous amène à un palier plus élevé ou différent. Ces deux niveaux sont tous les deux des ingrédients actifs dans la réalisation du principe du mandala. Cependant, [il est important de comprendre que] nous avons là deux niveaux différents : d'une part, l'ego primitif ou primordial et, d'autre part, la réalisation de l'inexistence de la personne qui réagit à cela.

ÉT. : Ne pas solidifier…

T. R. : C'est ça, éviter de solidifier la solidification, pour ainsi dire.

ÉT. : Vous avez dit que, lorsqu'on atteint ce niveau de perception, le principe du mandala est le simple sentiment qu'il existe des liens ?

T. R. : Oui.

ÉT. : D'autre part, vous avez déjà dit qu'il faut faire confiance à la réalité karmique des causes et des effets. Y a-t-il un rapport avec ce sentiment de faire le lien ?

T. R. : Oui, car c'est l'expression ultime du karma comme cause et effet, celle de la non-action, la forme la plus exaltée du karma, l'*akarma* ou non-karma.

ÉT. : Les liens du principe du mandala font-ils partie de ce non-karma ?

T. R. : Oui, dans le fond, même s'il existe divers styles sur le plan des expressions. Cependant, ces expressions reposent sur certains aspects fondamentaux qui permettent au principe du mandala d'aller et venir et aussi de se manifester de différentes façons.

ÉTUDIANT : Vous avez dit qu'il était possible de raconter une expérience, une perception réelle, sans en perdre l'énergie. J'ai l'impression que c'est précisément ce qui sous-tend une œuvre d'art : la capacité de rester en contact avec l'énergie, même si l'expérience est passée. C'est un processus qui n'est pas axé sur l'ego, mais qui est très positif. Cette interprétation est-elle plausible ?

T. R. : Le point clef ici est qu'il est possible de travailler sur les deux niveaux à la fois, le niveau du monde égotique avec ses énergies, ses émotions et tout le reste, et le niveau non égotique. Il n'y a aucun conflit entre les deux, par le fait même qu'il existe en quelque sorte un lien organique entre eux. Le niveau non égotique est plus raffiné, tandis que le niveau égotique est une version brute de la même chose.

ÉT. : Alors on n'essaie pas de les séparer, de garder le premier et de se débarrasser du deuxième ?

T. R. : Non, pas du tout. C'est très naturel, de ce point de vue.

ÉT. : J'ai l'impression que la perception de l'expérience, la perception de la vacuité et la perception de la luminosité sont des couches de plus en plus profondes de la même chose. Ai-je raison ?

T. R. : Je crois qu'on voit les trois en même temps, mais on accentue plus l'une ou l'autre, selon l'état d'esprit qui caractérise la réalité du moment.

ÉT. : Vous avez déjà parlé de la brèche dans le passé. Nous en avons discuté et nous y avons réfléchi énormément, mais je n'y vois toujours pas clair. Avant, je croyais que la brèche était le moment où l'on fait l'expérience directe de quelque chose. On n'interprète pas l'expérience, on n'y ajoute rien. On est là, tout simplement, et alors il se produit une brèche dans la conscience habituelle qu'on a, conscience fondée généralement sur la continuité des interprétations et des commentaires. Mais, tout à l'heure, lorsque vous avez parlé de brèche, vous avez dit que c'était l'espace entre l'expérience directe et l'interprétation et que, dans cet espace, on perd ou on exagère quelque chose. Serait-il possible d'apporter des précisions ?

T. R. : Je crois que nous parlons de deux façons différentes de regarder les choses. Il y a un contraste ici entre l'enseignement mahayana, où le shunyata est la brèche, et le point de vue tantrique, où la brèche est le principe du mandala. Ils ne sont pas tout à fait pareils. Selon les enseignements tantriques, la réalisation a lieu au moment où surgit la limite, parce qu'on travaille sur l'énergie au lieu de travailler simplement sur l'absence de quelque chose. On ne s'efforce pas de voir tout comme étant vide, en fait, mais de voir tout comme énergie transmutable. Et la transformation se produit au moment même où on arrive à la limite.

ÉT. : Au moment où on arrive à la limite de quoi ?

T. R. : La brèche n'est qu'un passage entre deux points de référence. Dans ce cas, la brèche n'est rien de particulièrement extraordinaire, comme l'expérience de shunyata. Ce n'est qu'une brèche avec un *b* minuscule, un passage, une transition. On entreprend un voyage et on se trouve à mi-chemin entre ceci et cela ; ce n'est pas particulièrement une expérience de type shunyata. Je ne dirais pas que la brèche a la qualité de la vacuité ; on s'éloigne simplement d'une situation et on s'approche d'une autre. Si nous faisons maintenant le lien avec l'expérience de shunyata dans le mahayana, cette expérience est alors incluse dans la limite. En effet, selon le vajrayana, l'expérience de shunyata se produit à l'intérieur de la limite plutôt que dans la brèche.

[Même dans le mahayana,] le symbolisme de shunyata est celui d'une mère qui donne naissance. Il est relié au principe de la mère, au principe créateur. Dans ce cas, le principe créateur est la limite : l'expérience de shunyata donne naissance à la limite. La brèche ici contient plus d'énergie que dans la version mahayana de shunyata, qui est vacuité pure. Dans ce contexte, shunyata est quelque chose avec lequel on joue. Shunyata découvre finalement un copain de jeux, un petit ami, et devient alors plus dynamique que la version nature, la version simple et sans fioritures du mahayana où tout est transcendé.

ÉT. : Il semblerait alors que shunyata selon le mahayana est une perception incomplète, quelque chose d'irréel créé par le pratiquant. Si shunyata se trouve vraiment dans la limite où il y a beaucoup d'énergie, le shunyata du mahayana serait quelque chose d'artificiel.

T. R. : Vous ne pouvez pas vraiment dire cela. Si vous êtes dedans, alors vous vous sentez très complet. Cette approche contient une référence à d'autres niveaux de réalité, si l'on peut dire. Le fait même qu'on mette davantage l'accent sur la transcendance crée la sensation de devoir encore surmonter ou dépasser quelque chose. Par contre, dans le vajrayana, la transcendance n'a pas d'importance ; ce qui importe est la limite elle-même, la crête, et non le fait d'aller au-delà de la limite. Ce qui compte n'est pas d'entrer dans la salle depuis l'extérieur, de franchir le seuil pour pouvoir entrer ; c'est le seuil qui est important dans le vajrayana. La limite elle-même est extrêmement importante, et il ne s'agit nullement de transcender quoi que ce soit, en fait. Elle est considérée comme de l'énergie et non comme un obstacle.

ÉT. : Pourquoi avons-nous besoin de la conception

mahayaniste du shunyata ? Pourquoi ne pas travailler sur la limite dès le départ ?

T. R. : La limite est considérée comme un obstacle du point de vue du mahayana. Selon le mahayana, on ne peut surmonter la notion de limite qu'au moyen d'une logique expérientielle selon laquelle ce qui est à l'intérieur et ce qui est à l'extérieur de la limite sont identiques ; par conséquent, il n'y a pas de limite. Le mahayana ne voit pas que la limite elle-même est quelque chose de formidable.

ÉT. : Donc, il est nécessaire de se soumettre à la version mahayana de shunyata avant de se laisser aller à…

T. R. : Ce qui ne manque pas d'intérêt, c'est que même si, sur le plan linguistique, on parle de la version vajrayana de shunyata, il se peut qu'on continue malgré tout à percevoir shunyata de façon purement mahayaniste. Il ne suffit pas de changer subitement de politique. Tout dépend du niveau de croissance de la personne.

ÉTUDIANT : Tout à l'heure, vous avez dit que la méditation est comme un pont tendu au-dessus de la brèche. Si la brèche est importante, pourquoi vouloir la franchir ?

T. R. : Pour que tout devienne une immense limite et ne plus avoir de brèche.

ÉT. : Le pont rend la brèche désuète ?

T. R. : Le pont est la limite. Cela donne une limite très épaisse, plutôt qu'une brèche suivie d'un no man's land, avant de passer à un territoire appartenant à quelqu'un d'autre[1]. C'est du moins ainsi que cela se passe au Texas.

ÉT. : Je ne comprends pas. Quand vous avez parlé du symbolisme mahayana de shunyata, il me semble que vous avez dit, d'une part, que la mère ou principe créa-

1. Jeu de mots fondé sur le sens littéral de l'expression *no man's land* : « terre de personne » *(N.d. T.)*.

teur est la limite et, d'autre part, que ce même principe donne naissance à la limite.

T. R. : Si vous entrez dans cette situation, vous êtes à la fois la limite et le créateur de la limite.

ÉT. : Ah oui, je vois. Puisque les tantrikas ne font pas de différenciation…

T. R. : C'est ça.

5

Aperçu des cinq familles-de-bouddha

Ayant déjà examiné les trois aspects de la perception, nous pourrions peut-être passer à un niveau d'expérience plus complexe que celui qui a été abordé lors de leur explication. Les perceptions sont comme du bois d'allumage ; elles amènent l'individu à un certain état de conscience de son expérience, qui, par la suite, devient l'expérience de ce que nous appelons l'*ainsi*. Ce terme particulier a été créé par les bouddhistes et fait partie de notre vocabulaire ; je ne l'ai jamais vu utilisé dans ce même sens dans nul autre contexte. Pour revenir donc à l'expérience réelle fondée sur la perception, l'ainsi est non seulement l'expérience des choses telles qu'elles sont, mais surtout une expérience qui se confirme elle-même, par elle-même. Par conséquent, l'individu voit les choses telles qu'elles sont – peut-être devrais-je dire qu'il voit les choses « tel que c'est » –, et puis l'*ainsi* surgit du fait de les avoir vues *telles quelles* et d'y avoir goûté.

Dans le langage tantrique, ce goût particulier porte le nom de *saveur unique* ou *un-seul-goût*. L'expression saveur unique ne signifie pas qu'il faille tout abandonner à l'exception d'une seule chose et rester fidèle par la suite à cette chose parmi tant d'autres. Et il ne s'agit pas non plus d'une situation de manque où, à défaut d'avoir une multiplicité de choix, on se retrouve avec une seule chose. L'idée n'est donc pas de choisir une chose et d'en rejeter une autre. En fait, c'est tout à fait le contraire : l'absence de rejet fait qu'il soit possible d'être fidèle à une chose, ce qui équivaut à être fidèle à toutes les autres.

Nous avons déjà dit que le tout et l'un peuvent se ressembler. Quand nous parlons de multiplicité, il s'agit généralement de couvrir un grand nombre de domaines, d'accumuler plein d'objets ou plein d'informations. Par contre, quand nous parlons de tout, cela implique automatiquement qu'une partie considérable de l'atmosphère d'une situation est déjà couverte. Dans ce cas, l'atmosphère dont nous parlons a un contexte plus large, qui est l´état d'expérience du monde de la réalité.

[Habituellement,] il est possible de qualifier la réalité en lui attribuant diverses fonctions, mais ici, il n'y a ni fonctions ni qualifications ; on ne peut parler ici que de nudité, d'absence de vêtements. C'est une expérience qui est libre de l'habillement des convenances et libre de l'habillement de la vérité relative. Cette expérience est également libre d'une série d'autres choses qui en découlent : l'égocentrisme, le besoin de sécurité, l'illusion d'éternité.

L'illusion d'éternité est la sensation que nous avons de pouvoir vivre pour toujours. Nous espérons que toutes les expériences spirituelles auxquelles nous pourrions avoir accès feront qu'il vaudra la peine de vivre longtemps et augmenteront notre longévité. Nous aimerions pouvoir vivre plus longtemps, de plus en plus longtemps, de façon à survivre éternellement et à ne pas devoir faire face à la vérité de la mort. Je crois qu'il s'agit en fait d'une approche simpliste sur laquelle il ne vaut pas vraiment la peine de s'étendre.

Il y a une autre notion qui va plus loin que cette approche primitive : faire l'expérience de la réalité dans sa véritable nudité, sans aucun but particulier. La question d'usage qu'on se pose à ce stade est la suivante : « Qu'est-ce que je peux tirer de cette découverte ; qu'est-ce qui va m'arriver ? » A vrai dire, il semble que rien ne va vous arriver. Tout est déjà arrivé, il n'y a rien de plus. Si je vous ai déçus, j'en suis désolé, mais nous n'y pouvons rien. C'est ça, les choses telles qu'elles sont. C'est ça, tout bêtement.

Nous faisons donc des tentatives successives pour atteindre une expérience non qualifiée, une réalisation sans trace, c'est-à-dire sans confirmations ni promesses. Il est possible que nous puissions alors commencer à accepter les choses telles qu'elles sont d'une manière vraiment simple et ordinaire, que nous puissions avoir un certain aperçu de la réalité sans conditions. A ce stade, il serait possible de dire que nous faisons l'expérience des cinq types d'intelligence-de-bouddha.

Je suis sûr que vous avez déjà beaucoup entendu parler des cinq familles-de-bouddha et que vous avez fait des lectures à ce sujet. Les cinq principes-de-bouddha ne constituent pas une version bouddhiste de l'astrologie. Ils n'ont rien à voir avec la pratique de dire la bonne aventure ou de lire les lignes de la main. Au contraire, ils représentent des lignes directrices pour l'expérience des points de référence – ou plutôt de l'absence des points de référence – dont nous avons discuté. Ils sont reliés à une réalisation des phénomènes au sens le plus complet.

Nous savons que nous avons chacun notre approche et notre style spécifiques innés qui reposent sur ces cinq qualités-de-bouddha. Ces qualités représentent en même temps notre potentiel-de-bouddha particulier sur le plan des émotions et de la confusion. Cependant, il existe aussi une autre façon d'envisager le processus dans son ensemble. Cette approche se fonde sur la profondeur et l'expansion à partir de cette profondeur, facteurs qui peuvent être considérés comme simultanés. Dans cette approche, nous ne nous attachons pas à tel ou tel principe-de-bouddha auquel nous tiendrions parce qu'il représenterait notre seul et unique style. Une telle façon de percevoir aboutirait probablement à une expérience en deux dimensions des principes-de-bouddha. Pour avoir une vision tridimensionnelle de l'expérience, il nous faut partir de la profondeur – ou concentration – et aller vers l'expansion.

Si nous approchons notre état ou notre expérience disposés à transcender les concepts, nous pouvons considérer ces cinq principes comme autant de niveaux de profondeur. Ils ont chacun leur propre poids ou pesanteur spécifique. Quand un objet flotte dans l'eau, il y a une partie qui émerge de l'eau, une autre partie qui est à peine submergée et une autre partie qui plonge plus profondément dans l'océan, dépendant de la densité de la substance en question. C'est l'approche que nous adoptons ici. Et, de ce point de vue-là, chaque fois que nous fonctionnons, les cinq principes entrent en œuvre simultanément. Impossible de le nier, quelles que soient les caractéristiques spécifiques que nous puissions avoir.

Cela nous amène à une perspective différente sur la concentration ponctuelle, une perspective verticale plutôt qu'horizontale. On part de la famille-de-bouddha appelée bouddha, qui est la plus lourde de toutes. Elle est faite de la matière la plus solide, d'une matière qui adhère à l'ego ou bien qui s'ouvre sur une sensation d'espace universel, la sagesse de l'espace qui s'étend partout. C'est le noyau de la matière, le cœur du sujet. C'est ce qui nous donne une sensation de solidité et une sensation fondamentale d'être, un sentiment d'ouverture et un sentiment de sagesse et de santé en même temps. C'est la famille bouddha, corrélée avec le skandha de la forme [1], le skandha le plus fondamental.

1. Dans la discussion qui suit, le Vidyadhara reprend la correspondance traditionnelle que fait le vajrayana entre les cinq

A partir de là, on se dirige lentement vers l'expérience de la sensation. Celle-ci découle de la solidité de l'état d'esprit éveillé qui amène une sensation d'expansion, une expansion intelligente comparable à des tentacules ou à des antennes de toutes sortes. On établit un rapport avec différents domaines relationnels de manière très claire, complète et consciencieuse. Cet aspect est relié à la famille-de-bouddha nommée ratna.

Le prochain skandha est l'impulsion, qui est associée à la famille padma à cause de son acuité et de sa rapidité, mais aussi à cause de son penchant à séduire le monde extérieur pour l'intégrer dans ses propres points de référence, pour l'obliger à entrer en rapport avec lui. Même dans l'état éveillé qui correspond à ce principe, il existe la prédisposition à communiquer, à établir des relations. Le principe de la famille padma est beaucoup plus léger que les deux principes précédents.

Le quatrième skandha est le concept, qui se rattache à la famille karma. Ce principe est extrêmement actif et efficace. Toute activité ou efficacité qui se produit dans l'état d'esprit d'une personne relève d'un processus propre à la famille karma. Là on sort des profondeurs de l'océan ; on s'approche lentement de la surface et on se met à flotter.

Le cinquième skandha est la conscience, qui cor-

---

familles-de-bouddha et les cinq skandhas ou cinq éléments constitutifs de l'ego. Les cinq familles-de-bouddha sont présentées dans l'ordre suivant : bouddha, ratna, padma, karma et vajra ; elles sont corrélées respectivement avec les skandhas de la forme (S. : *rupa*, T. : *zuk*), de la sensation (S. : *vedana*, T. : *tsorwa*), de l'impulsion (S. : *samjña*, T. : *dushé*), du concept (S. : *samskara*, T. : *dujé*) et de la conscience (S. : *vijñana*, T. : *namparshepa*). Par la suite, le Vidyadhara préférera la traduction « perception » à la place d'« impulsion » pour le troisième skandha et « formation » à la place de « concept » pour le quatrième skandha.

respond à la famille vajra. Ici, il y a une certaine intelligence et un certain intellect qui agissent avec une précision et une clarté extrêmement aiguës, ce qui rend la situation extraordinairement maniable. Ayant remonté à la surface, on sait comment entrer en rapport avec le monde des phénomènes, on sait quelle est la base de travail du monde phénoménal. Pour ce qui est de l'activité d'un bouddha, celui-ci trouve toujours des moyens habiles pour établir des rapports appropriés avec ceux qui perçoivent les enseignements. Un bouddha sait comment aborder ses disciples, il sait employer leur terminologie, leur langage et leur style d'une façon très fine, pénétrante et précise.

Les cinq skandhas font donc partie de notre constitution profonde, de notre être, tant du point de vue samsarique que nirvanique. Par conséquent, nous manifestons constamment en nous-mêmes les cinq types de nature-de-bouddha d'une façon directe et précise, et avec un certain flair. Il est très important de comprendre que c'est cela qui nous donne pleinement accès aux cinq types d'énergie et nous permet de les travailler à fond. Nous pouvons établir un rapport très précis avec celles-ci, sans que cela nous pose de problèmes particuliers.

Essentiellement, il s'agirait de sortir des profondeurs vers l'ouverture, de la concentration vers l'ouverture. Les cinq étapes des skandhas font toujours partie de notre constitution profonde, de notre style de base. C'est à partir de ce fond que nous opérons constamment, toujours à partir de ces styles de base. Nous avons un point de référence qui s'insère soit dans un état méditatif, soit dans un état de confusion. Nous partons de ce point de référence fondamental et nous nous ouvrons graduellement aux possibilités de travailler la réalité en fonction des difficultés ou des promesses qui se présentent dans nos vies. Voilà donc la structure générale qui se retrouve dans toutes les choses et qui est d'une importance capitale.

ÉTUDIANT : Dans la première causerie, vous avez parlé de l'état fondamentalement insipide qui est l'alaya. L'ainsi qui caractérise cet état semble avoir un rapport avec le premier skandha et la famille bouddha. Y a-t-il un rapport étroit entre eux ?

T. R. : La famille bouddha dont nous parlons se trouve au-delà de tout. Elle est au-delà de l'alaya et au-delà de ce qu'on pourrait appeler nirvana. Bien sûr, elle est reliée à un point de référence, de la même façon que notre vie est reliée en partie à la nuit et en partie au jour.

ÉT. : La famille bouddha correspond-elle à la saveur unique ? Est-ce la raison pour laquelle cette famille est la plus lourde, parce qu'elle touche à la notion d'ainsi ?

T. R. : C'est ça. C'est la saveur unique.

ÉT. : Puis, à partir de là, il y aurait un processus d'expansion ?

T. R. : Oui. C'est la saveur unique non pas au sens de monotonie, mais au sens de…

ÉT. : Oui, c'est exactement pourquoi il y a expansion.

T. R. : Oui, oui. C'est juste.

ÉTUDIANT : Rinpoché, ce soir j'ai l'impression que vous avez beaucoup parlé de l'acceptation, de l'ainsi, d'accepter les choses telles qu'elles sont. Je me rappelle vous avoir entendu dire un jour que la vie était comme un spiritueux non dilué, qu'on boit sec sans y ajouter de l'eau. Je me demande si la voie bouddhique peut se résumer à une acceptation de plus en plus grande de ce qui est. On dirait que c'est presque comme aller voir un film d'épouvante et vouloir constamment sortir en courant à cause de tous les phénomènes qu'on y voit. S'agit-il simplement de s'habituer à ce qu'on voit de manière à ne plus vouloir fuir ?

T. R. : Qu'entendez-vous par « s'habituer » ?

ÉT. : S'habituer à sa propre capacité de perception de soi.

T. R. : Eh bien, si vous allez voir un film d'épouvante, en règle générale, vous ne voulez pas sortir en courant ; vous voulez en avoir pour votre argent. Le film vous divertit en même temps qu'il peut vous horripiler. Généralement, vous continuez à le regarder, à moins d'être un lâche, d'avoir sommeil ou d'être malade. Si vous avez le moindre sens de l'humour, la moindre capacité d'ironie, vous continuez à regarder le film jusqu'à la fin. En ce sens, la saveur unique est effectivement comme un verre d'alcool non dilué, évidemment. En même temps, il n'est pas tellement question d'accepter ou de fléchir. Je crois que, dans le fond, il s'agit de comprendre qu'on ne peut pas imposer son point de vue, qu'on ne peut pas changer les phénomènes qu'on perçoit, non pas parce qu'on a finalement perdu tout espoir et qu'on a arrêté de se débattre, mais parce que la relation avec le monde des phénomènes devient très directe et très franche.

ÉT. : Cela est-il dû à l'insubstantialité du moi qu'on découvre quand on est capable de percevoir le monde ?

T. R. : Oui, je crois. C'est comme le fait que personne ne se plaint vraiment, du fond de son cœur, qu'il y ait le jour et la nuit. C'est une acceptation qui va au-delà de l'abandon, parce que la situation est déjà tellement quotidienne.

ÉTUDIANT : Dans *Pratique de la voie tibétaine*, vous avez décrit les cinq familles-de-bouddha en fonction d'un centre entouré des quatre points cardinaux, alors que maintenant votre description me fait plutôt penser à des cercles concentriques. D'ailleurs, j'ai l'impression que les familles forment beaucoup plus un tout cohérent, au lieu d'être éparpillées çà et là. On semble parler de deux choses différentes.

T. R. : L'approche n'est pas tout à fait identique, mais elle revient au même. C'est comme un arbre. On peut étudier d'abord les racines souterraines, puis s'attarder sur le tronc qui sort de terre, et finalement remonter vers le faîte en prenant le temps d'étudier les branches, les fruits, les fleurs et les divers types de feuilles. C'est ce type d'approche, à la différence de l'autre qui divise tout en quartiers ou provinces.

ÉTUDIANT : Il me semble qu'il y a plus de profondeur associée à la famille bouddha. Vous avez dit qu'elle avait plus de poids. Puis, à mesure que vous parliez des autres familles-de-bouddha, j'ai eu l'impression que la famille vajra était plus superficielle, comme si elle avait moins de substance ou moins de qualités.

T. R. : C'est vrai. La famille vajra est plus expansive, tandis que la famille bouddha est très profonde, très concentrée.

ÉT. : Peut-on établir une comparaison avec les cinq skandhas : on part d'un grain de sable, et, lorsqu'on atteint le cinquième skandha, c'est la dégradation totale ? Ici, quand on en arrive à la famille vajra, c'est comme une dégradation par rapport à la famille bouddha, qui aurait plus de profondeur[1] ?

T. R. : Du point de vue samsarique, c'est effectivement vrai, il me semble. Mais on ne peut pas se fier complètement à cette façon de voir, parce que alors on s'efforcerait de se ressaisir à tout instant. Il y a un processus constant d'expansion et de contraction, d'expansion et de contraction. C'est un jeu qui n'a pas de fin.

1. La question fait allusion à la description du développement de l'ego donnée par le Vidyadhara dans *Pratique de la voie tibétaine* (Éd. du Seuil, 1976). La naissance de la dualité dans le premier skandha est décrite comme une plaine désertique très étendue dans laquelle un grain de sable lève la tête et se perçoit lui-même (p. 132).

6

Le bouddha du sambhogakaya

Il y a deux points essentiels dont j'aimerais traiter en guise de conclusion. Ces deux points sont l'état de conscience qui naît de la méditation assise et le sentiment d'appréciation qui l'accompagne. Cette conscience est capable de percevoir les rouages du monde des phénomènes sous la forme des cinq principes-de-bouddha et de l'organisation du mandala, alors que l'appréciation amène une compréhension de l'aspect magique de cela.

Cette conscience est la conscience inconditionnelle que nous avons déjà décrite. C'est une conscience sans but ni objectif, qui ne vise rien. A partir de cette conscience surgit un état de courage, d'absence de peur, et, grâce à ce courage, les rouages du monde phénoménal deviennent de la magie auto-existante. Le terme magie ici ne signifie pas faire apparaître des démons ni faire des tours de passe-passe. On parle de magie au sens où le monde phénoménal possède énormément de santé et de force, parce qu'il est sain et entier. L'individu peut se nourrir de cette sensation de force et de santé, en même temps qu'il peut contribuer à nourrir encore plus le monde phénoménal. Il ne s'agit donc pas d'un voyage à sens unique, mais d'un échange réciproque.

Cet échange de nourriture, qui est la santé primordiale, s'associe au sentiment de courage pour ramener l'état de conscience dont nous avons parlé. Un cercle d'échange a donc lieu sans cesse et il devient source de jouissance. On n'entre pas dans un état d'euphorie, ni rien de la sorte, mais il reste que cet échange est fondamentalement agréable parce que les démarcations très nettes que sont le doute et l'incertitude commencent à s'estomper. Cela amène une qualité presque surnaturelle, un enthousiasme imprévu. On a le pouvoir de donner une structure au monde, non pas du point de vue du désir, de l'attachement et de l'anxiété, mais du point de vue de la vie et du courage face à la mort.

Tout cela se produit, comme nous l'avons dit plus tôt, parce que notre cœur est vide. Nous n'existons pas et l'énergie du monde des phénomènes n'existe pas non plus, et, par conséquent, tout *existe*. Il y a quelque chose d'extrêmement magique dans tout cela. On peut dire que c'est complètement lucide et en même temps tangible, parce qu'il y a texture et absence de texture ; il y a à la fois la notion d'un voyage et celle de discrimination, et il y a aussi les sentiments de passion et d'agression, et tout le reste. Tout semble fonctionner au niveau d'un non-terrain, pour ainsi dire, ce qui rend toute l'opération idéale.

L'expression traditionnelle qui s'applique ici est celle de *bouddha du sambhogakaya*. Le bouddha du sambhogakaya est une manifestation d'énergie qui opère au niveau de la joie, de la jouissance. Dans un sens, on pourrait dire que c'est le niveau du plaisir transcendant. Cela rend la vie continue, mais non éternelle. La continuité est loin d'être un mur de briques qui s'étendrait d'un bout à l'autre de la planète. Ce n'est jamais si solide ; la continuité est plutôt comme un ruisseau qui coule. La discontinuité se transforme en continuité, et, à mesure que le courant avance, on peut dire qu'il danse.

C'est essentiellement de cette façon qu'il faut regarder le mandala et les cinq principes-de-bouddha. C'est un monde positif, non pas au sens simpliste où tout y est amour et lumière, mais au sens où il se laisse travailler. Il est possible de communiquer avec le monde, car tout est visible et très vif. L'hésitation et la peur sont dissipées, et on a le pouvoir de restructurer les choses. On peut refaçonner les nuages et chevaucher l'arc-en-ciel. L'impossible peut être accompli par le non-accomplissement.

Il ne faudrait pas penser qu'atteindre ce stade constitue un progrès ou un passage d'un niveau à un autre. L'essentiel, c'est qu'on a découvert que cette expérience existe vraiment, que cette organisation existe tout le temps. Il s'agit donc d'une découverte et non d'un progrès.

ÉTUDIANT : Vous avez dit que les pratiquants du tantra transforment tout en limite et vous avez parlé de l'idée tantrique selon laquelle il y aurait une continuité ou énergie indestructible qui était toujours déjà là. A mon avis, cela contredit le postulat bouddhique fondamental de l'impermanence, de la croissance et de la décroissance des choses. Y a-t-il un changement de perception qui va plus loin que la croissance et la décroissance ?

T. R. : Eh bien, au début, au stade du hinayana, on devient un sans-foyer, un anagarika. On quitte sa maison et on renonce aux biens, au pouvoir, à la richesse, etc. On abandonne tout ; Naropa renonça même à son intellect. Puis, dans la pratique tantrique, le tantrika reprend possession de ce qu'il a abandonné, mais d'une manière entièrement différente. Sa condition de sans-foyer se transforme en celle de maître de maison et son renoncement au pouvoir se transforme en l'acquisition d'un plus grand pouvoir. Dans cette optique, le fait d'abandonner ou de transcender le courant et de fixer ses limites au niveau de la conscience discriminante constitue un autre type de liberté, une liberté qui a vraiment du cœur au ventre, si l'on veut. On s'intéresse davantage aux réalités au lieu de s'attarder uniquement sur les motivations, approche qui caractériserait les yanas antérieurs. Dans les premiers yanas, la motivation est plus importante que l'expérience elle-même, et celle-ci est d'ailleurs souvent considérée comme quelque chose de louche ou de peu fiable. On est constamment en train de revenir sur soi, de retracer sa motivation et de travailler pour se purifier selon ce point de vue. Mais, dans le tantra, les choses prennent un tour nouveau. D'après les enseignements tantriques, la motivation n'est qu'un concept, une ombre ; c'est l'expérience elle-même qui compte, au-delà de la motivation. C'est donc un nouveau virage qui s'amorce, une reprise en main de la même chose, mais avec une plus grande audace. Et pourtant, les limites demeurent quand même nécessaires. Pour pouvoir étendre ses limites, il faut d'abord en avoir.

ÉTUDIANT : J'essaie de mieux cerner l'idée de saveur unique. Vous dites que rien n'est permanent sauf l'impermanence, que rien n'est continu sauf la discontinuité. Il serait facile de verser alors dans le nihilisme et de croire qu'il n'y a absolument rien dont les qualités soient retenues. Dans l'idée de saveur unique, s'agit-il de voir que la relativité est dotée de qualités qu'on peut connaître, que la discontinuité est dotée d'un certain style et accompagnée d'une sensation omniprésente ?

T. R. : Absolument. Pour être discontinu, il faut avoir la force d'être un. C'est bien ça.

ÉT. : La discontinuité possède alors une personnalité, en quelque sorte, ou une sensation.

T. R. : Oui, elle a certainement une texture…

ÉT. : … qui est toujours là. C'est cela, la saveur unique ?

T. R. : Oui. C'est pourquoi il est possible de définir les sphères ou domaines de non-existence, comme le vajradhatu et le dharmadhatu. Ils portent un nom et ils correspondent à une expérience. Ce sont des niveaux tangibles, dans un sens. Derrière l'image du vajra que l'on tient se profile l'idée qu'il est possible de prendre en main l'expérience de shunyata.

ÉTUDIANT : Tout à l'heure, en vous écoutant décrire l'expérience, j'ai eu l'impression que les choses deviennent plus claires et plus distinctes à mesure qu'on parvient à mieux percevoir la réalité inconditionnelle, et puis finalement tout se transforme en une espèce de luminosité. Les choses deviennent très claires et les démarcations nettement définies commencent à s'estomper. Cette expérience est-elle de l'ordre des perceptions ?

T. R. : L'idée de luminosité n'a pas tellement à voir avec une perception intense des contrastes, au sens où plus on verrait de lumière, plus on verrait aussi l'obscurité. Avec une telle approche, on aurait encore la sensation qu'il existe des recoins mystérieux. Ce que nous disons, c'est qu'à ce stade-ci il n'existe plus du tout de démarcations nettement définies. Il n'y a plus de division. Toutes les choses sont dépourvues d'ombre.

ÉT. : Qu'est-il advenu de l'expérience de l'alaya dont vous avez discuté lors de la première causerie de ce stage ? Qu'arrive-t-il à l'alaya par rapport à ce que vous expliquez maintenant ?

T. R. : Je crois qu'il a disparu quelque part en cours de route. La situation semble être la suivante : il y a quelque chose là au début, mais il n'y a rien à la fin.

ÉTUDIANT : Dans un autre stage vous avez dit que l'art consiste à donner un aperçu d'une expérience au lieu de tout mettre sur la table. J'ai l'impression que ce que vous avez fait ici s'est résumé à nous donner un aperçu. Vous ne voulez pas nous en donner trop. Tout est tellement condensé ! N'est-ce pas cela à quoi vous voulez en venir ?

T. R. : Je crois que c'est la seule façon. Il me semble

que les descriptions ne seraient jamais complètes. Même si donner une description très circonstanciée, ce serait quand même comme un tableau peint avec les doigts.

ÉTUDIANT : Pourriez-vous parler plus longuement de ce que vous voulez dire par refaçonner ou restructurer ?

T. R. : Nous parlons de refaçonner dans un autre sens. Il ne s'agit pas de refaçonner les choses en fonction d'un modèle fondé sur le point de référence de l'ego, du « ceci ». Dans ce contexte-ci, refaçonner équivaut à échanger. Plus il y a de l'échange entre ceci et cela et entre cela et ceci, plus on est en mesure de maîtriser l'élan, parce qu'il n'y a personne qui essaie de maîtriser. Comme il n'y a pas vraiment de but ni d'objectif, on est capable d'imprimer au mouvement de l'énergie une direction particulière. Dans ce cas, façonner consiste à donner une direction plutôt qu'à faire entrer les choses dans un moule.

ÉT. : Qu'est-ce qui permettrait alors de diriger le mouvement ?

T. R. : Les directions elles-mêmes. Comme il n'y a personne pour diriger, la direction elle-même est sa propre énergie auto-existante.

ÉTUDIANT : Vous avez dit que l'alaya finit par disparaître quelque part en cours de route. Au début de ce stage, vous avez dit que le samsara et le nirvana ont tous les deux le même rapport à l'alaya, que l'alaya est leur toile de fond commune. Que signifie le fait que l'alaya constitue à la fois la toile de fond du nirvana et du samsara ?

T. R. : Je crois que c'est la même chose. Ils commencent tous les deux en même temps.

ÉT. : Mais alors le nirvana ne serait qu'une autre version du samsara.

T. R. : Oui, bien sûr. S'il n'y avait pas de samsara, il ne pourrait pas y avoir de nirvana, et vice versa.

ÉT. : Et quand vous parlez de s'éveiller et d'en arriver à l'état de cœur vide, y a-t-il encore du nirvana à ce stade ?

T. R. : Quand nous parlons du cœur vide, cela ne signifie pas avoir le cœur creux. Cela signifie que le cœur est inexistant. Je ne pense pas en fait qu'il y ait de définition possible. Il n'y a pas de point de référence à ce niveau ; il n'y a plus aucun point de repère.

ÉT. : Si je vous ai posé la question, c'est que j'avais le sentiment que le mot nirvana avait un sens différent du mot bodhi ou éveil. Cependant, d'après votre réponse, il semble qu'à ce stade l'idée de cheminement et l'existence d'un éveil qui serait opposé à un sommeil n'ont plus de sens, car il n'y a plus de point de référence.

T. R. : Oui. Soit.

ÉT. : Il me reste alors une autre question. Il y a la notion de rebrousser chemin vers l'alaya, en quelque sorte, comme si l'on pouvait avoir accès à une expérience plus directe du fondement de la confusion, et celle-ci est décrite comme une expérience plus immédiate du moi, si j'ai bien compris. A ce stade-ci, vous ne parlez pas d'une expérience plus immédiate du non-moi ?

T. R. : Non.

ÉT. : Il semblerait alors que tout se résumerait entièrement au moi, partant de l'alaya jusqu'aux huit consciences, en passant par chacun des cinq skandhas. Rien, de l'alaya jusqu'au nirvana, ne serait autre chose que du moi.

T. R. : Oui. A cause de cela, il y a encore un point de référence.

ÉT. : Donc, pour le dire crûment, le nirvana n'est qu'un canular.

T. R. : Oui, bien sûr. Votre découverte n'a rien de nouveau. Et d'ailleurs, vous l'avez dit *très* poliment.

ÉTUDIANT : Il me semble avoir lu un passage où vous

disiez que les principes karma et ratna sont plus stables que padma et vajra, que trop de vajra se transforme en karma, trop de padma se transforme en ratna et trop de ratna se transforme en bouddha. J'avais l'impression que, pour une raison ou pour une autre, les familles padma et vajra sont plus intangibles que karma et ratna. Serait-il utile d'approfondir cette idée un petit peu ?

T. R. : Je pense que vous avez déjà tout dit.

ÉT. : Eh bien, pourquoi karma et ratna seraient-ils plus solides que vajra ? Pourquoi vajra et padma seraient-ils plus intangibles ?

T. R. : Je crois que, si vous vous reportez aux descriptions que j'ai données dans la causerie précédente, vous verrez que le principe vajra correspond à la conscience, qui est l'épanouissement final de la fleur, alors que ratna est un des premiers. Ratna correspond à un des premiers niveaux, celui de la sensation. Il est relié à la terre. Je pense que chacun [des cinq principes-de-bouddha] est une condition préalable pour chacun des autres ; chacun est nécessaire aux autres. On ne peut avoir un arbre sans tronc comme on ne peut avoir un arbre sans feuilles. Ils sont tous nécessaires. Cependant, quand le vent souffle, ce sont d'abord les feuilles de l'arbre qui bougent, et ensuite le tronc. On pourrait dire que le tronc de l'arbre bouge au vent lui aussi, à cause du tremblement des feuilles. D'ailleurs, on peut dire également que c'est toute la terre qui tremble. C'est une situation relative.

ÉT. : Les énergies ont-elles une manifestation spécifique dans une situation donnée ? Ou bien sont-elles toujours présentes, et suffit-il de les regarder pour les voir ?

T. R. : Oui, elles se manifestent d'une façon appropriée, naturellement. Elles réagissent aux énergies qui sont présentes. Cela ressemble beaucoup à la réaction des éléments entre eux.

ÉTUDIANT : Pourriez-vous dire quelque chose du rapport qui existe entre les cinq familles-de-bouddha et les six mondes ?

T. R. : Cela exigerait un autre stage. Remettons cette question à une prochaine rencontre.

ÉTUDIANT : On fait parfois allusion à l'orgueil en parlant de la famille ratna. Est-on orgueilleux de sa propre ignorance et de sa propre stupidité ? S'agit-il d'une qualité têtue, si bien que, même si on se voit faire, on est tellement fier de qui on est et du rapport qu'on a établi avec le monde qu'on se félicite de son ignorance ?

T. R. : Tout à fait. Je crois que vous avez raison. L'idée est que, lorsque vous créez votre propre monde, vous vous mettez à être très fier de votre expansion et de vos ramifications, ce qui, en général, vous encourage encore plus. En même temps, il y a un peu d'hésitation et de gêne : vous vous efforcez de ne pas regarder la racine de la projection, de la ramification, et, pour masquer cela, vous devenez encore plus arrogant.

ÉTUDIANT : Peut-on établir une équivalence entre l'alaya et la brèche ?

T. R. : C'est une brèche artificielle, en quelque sorte.

ÉT. : L'alaya est-il alors artificiel ? Parlons-nous de l'alaya qui vient après la séparation dualiste entre ceci et cela ?

T. R. : L'alaya est le milieu propice pour cette séparation.

ÉT. : Donc, l'alaya est comme une version du dharmakaya fabriquée par le moi.

T. R. : Oui, quelque chose de ce genre. En fait, ce pourrait être plutôt une version du vajradhatu fabriquée par le moi.

ÉTUDIANT : Rinpoché, s'il n'y a rien au début et rien à la fin, que se passe-t-il au milieu ?

T. R. : Eh bien, ça ne marche pas tout à fait comme ça. Il semble qu'il y a quelque chose au début, mais qu'il n'y a rien à la fin ; donc, au milieu, je suppose qu'il y a l'évanouissement de cette chose qui devient rien. C'est ce qu'on appelle « la voie ».

ÉTUDIANT : Dans notre groupe de discussion, nous avons parlé d'une corrélation possible entre votre description verticale des familles-de-bouddha et la respiration pendant la pratique de la méditation. Le facteur le plus solide et le plus fondamental serait la posture assise, à rapprocher de la famille bouddha. Puis il y a ce mouvement graduel de dissolution dans l'espace au rythme de l'expiration, qui serait associé à la famille vajra. Est-ce le cas ? Le rapport entre la pratique de la méditation et votre explication serait-il du type macrocosme-microcosme ?

T. R. : J'espère bien.

ÉT. : Dans la causerie précédente, vous avez parlé du mouvement qui part des profondeurs de l'océan et qui remonte à la surface, d'où il est plus facile d'observer le monde phénoménal. Ce point correspond à la famille vajra. Pourtant, il me semble que c'est dans la famille bouddha qu'on est le plus en contact avec les phénomènes, que c'est cette position qui permet de mieux observer les choses.

T. R. : C'est la racine, et il s'agit de savoir jusqu'à quel point la racine peut faire l'expérience des branches. Si la racine est intelligente, elle cesse alors d'être racine, parce qu'elle commence à s'occuper à être intelligente et qu'elle ne parvient plus à s'agripper à la terre.

APPENDICE

Translittération des termes tibétains

dujé	*´du byed*
dushé	*´du shes*
gashi	*rga shi*
jinpa	*sbyin pa*
khenpo	*mkhan po*
künshi	*kun gzhi*
künshi nampar shepa	*kun gzhi rnam par shes pa*
kyeché druk	*skye mched drug*
kyewa	*skye ba*
kyilkhor	*dkyil ´khor*
kyorpön	*skyor dpon*
la da wa	*la bzla ba*
ma rikpa	*ma rig pa*
ming dang zuk	*ming dang gzugs*
nampar	*rnam par*
nyewar lenpa	*ñe bar len pa*
nyimé	*gñis med*
nyön yi	*ñon yid*
rekpa	*reg pa*
samten	*bsam gtan*
sang thal	*zang thal*
sepa	*sred pa*
sherap	*shes rab*
sipa	*srid pa*
söpa	*bzod pa*
tsöndrü	*brtson ´grus*
tsorwa	*tshor ba*
tsültrim	*tshul khrims*
tülku	*sprul sku*
yi	*yid*
zuk	*gzugs*

Première visite du XVIe Karmapa aux États-Unis, 1976.
De gauche à droite : le Régent Osel Tendrin, Chögyam Trungpa, le Karmapa, Jamgon Kongtrul.

Postface du traducteur

Il est des moments précieux qui continuent à nous faire vibrer, à nous donner des forces et de l'inspiration longtemps après l'événement. Pour moi, un de ces moments fut une entrevue, en 1980, du groupe de traduction avec le Vidyadhara Chögyam Trungpa Rinpoché, mon maître. Il me semble qu'à l'époque je n'ai pas vraiment saisi l'insondable mystère de cette rencontre ; d'ailleurs peut-on jamais vraiment le saisir ? Mais, avec le temps, il y a des images et des impressions qui m'accompagnent encore et que j'ai du mal à formuler, comme si je n'avais pas encore trouvé le passage qui mène du silence fécond et rayonnant de la communication intuitive à la communication dite rationnelle ou intellectuelle. C'est peut-être parce que la parole n'est pas toujours pleine et lumineuse : elle peut exprimer un vécu, mais aussi le limiter. Quoi qu'il en soit, cet aperçu indélébile de l'univers de Trungpa continue à produire des étincelles dans ma vie, à animer et à guider mon développement professionnel et personnel.

Dans ces instants où l'accumulation des paroles et des pensées – c'est-à-dire le discours – n'existe plus, il reste cependant une question : comment exprimer l'inexprimable pour le bien d'autrui ? Comment transmettre aux autres ce que j'ai pu entrevoir ? Peut-être faudrait-il commencer par les faits, en décrivant la rencontre, en apparence tout à fait anodine, qui s'est déroulée comme suit : un des aides de camp de Trungpa Rinpoché nous conduit en sa présence. A l'époque, les membres du groupe de traduction de Montréal sont Stéphane Bédard, Marie-Claude Bourjon et moi-même ; il y a aussi Esther Rochon, qui ne peut pas participer à l'entrevue. Rinpoché nous accueille chaleureusement et avec beaucoup de simplicité, puis il nous pose des questions sur la langue française et sur notre groupe de traduction. Nous lui racontons que nous vivons des conflits de territorialité linguistique. Puis nous poursuivons notre conversation. Après quelques minutes, Rinpoché veut savoir comment on traduirait en français la phrase « *Drive all blames into oneself* », slogan du mahayana dont notre version actuelle est « Ramène à toi tous les reproches ». Alors, devant lui et sans nous en apercevoir, nous nous mettons à reproduire la même dynamique de territorialité que nous avions décrite. Il opine de la tête en souriant gentiment, nous bavardons encore quelques minutes, puis l'entrevue se termine. Nous avons l'impression qu'il ne s'est pas passé grand-chose dans l'entrevue, et pourtant, nous nous sentons très sereins et joyeux.

Ce n'est qu'après coup que je comprends le sens du message que Trungpa nous a donné, mine de rien, comme une bombe à retardement. Dans sa présence, nous avons vu, comme en filigrane, toutes les possibilités qu'offre la traduction de découvrir l'ego personnel à l'œuvre, de s'en servir comme tremplin et de le dépasser dans le lâcher-prise, afin de manifester la douceur, le courage et l'intelligence du non-ego, de ce qu'on appelle en vajrayana la perspective sacrée. Un des aspects qui m'impressionnait chez Trungpa était son respect pour tous les domaines de l'activité humaine : rien ne lui échappait, rien ne lui était indifférent. Au contact du maître, et à force d'étudier et de pratiquer ses enseignements, le disciple finit par se rendre compte que c'est le quotidien – et notamment le rapport au travail, à l'espace domestique, à la famille, aux amis, à l'épicier du coin – qui constitue le lieu privilégié du sacré, de la poésie et de la sagesse, un lieu magique pour être, apprendre et croître. Comme le dit Trungpa dans *Mandala*, « il faut qu'il y ait un certain engagement personnel, puisque c'est la totalité de notre vie qui est en jeu. Nous devons établir un rapport avec notre vie et en apprendre davantage ».

Cet engagement face à ce quotidien porteur du sacré exige

une identification complète par rapport à chacune des activités de la vie : se livrer entièrement à chaque chose, découvrir ce qu'elle a de précieux, en évitant de la dissocier de son contexte vital. De temps en temps, bien sûr, il arrive qu'on perde de vue la totalité, mais cette expérience momentanée de l'aliénation n'est pas très grave dans la mesure où l'individu s'est entraîné à revenir à l'instant présent, à y retrouver tout ce qu'il faut pour accéder de nouveau à une vue d'ensemble. A mesure que j'apprends à exercer mon métier de traducteur dans cet esprit, je constate qu'il renferme énormément de leçons ; sa pratique consciente m'invite à dépasser un premier niveau de professionnalisme, niveau plutôt mécanique, lié surtout à la mise en œuvre de compétences techniques, et à découvrir des possibilités de transformation personnelle et des éclairs de sagesse.

Dans les paragraphes qui suivent, j'avance une série de réflexions personnelles sur une manière très fertile d'envisager la traduction qui consiste à y retrouver les cinq dimensions du principe du mandala. Une telle perspective développe chez le traducteur cinq qualités ou compétences différentes, reliant entre eux les plans technique et personnel, l'ordinaire et le sacré. Ces réflexions constituent une simple ébauche bien plus qu'une théorie ; elles ont été nourries au fil des années par mon exploration du bouddhisme et ma pratique de la traduction, et catalysées par des stages que j'ai faits à l'institut Naropa, collège fondé par Trungpa Rinpoché, où ces cinq principes sont mis en pratique dans le domaine de l'éducation.

Je pourrais dire, pour commencer, que l'espace mental de la traduction est un espace magique entre deux langues : un espace de détachement par rapport à la forme, qui permet d'opérer le passage d'une forme à une autre, mais également un espace d'attachement à la forme, car je dois connaître et respecter le génie de la langue que j'abandonne comme celui de la langue que je retrouve. La créativité naît du jeu de ces deux forces en apparence contradictoires que sont la passion et le lâcher-prise, l'existence et l'inexistence. Il est important de pouvoir entrer librement dans cet « espace gris » entre deux langues et d'en sortir, de laisser toujours cette porte ouverte. C'est une zone prélinguistique, quasi verbale, où les idées commencent à émerger mais ne se sont pas encore attachées à des modèles syntaxiques ni à des mots. A mesure que la forme d'une langue se dissout, je laisse mon esprit reposer dans un état à la fois neutre et fécond – je fais un passage à vide, pour ainsi dire – d'où surgit la forme que prendra l'idée dans l'autre langue. Ce moment dégagé, cet espace d'ouverture, cette solution de continuité est identique à ce qu'on appelle la « brèche » dans la méditation bouddhique ; il est un des fondements de la créativité en traduction, car, sans lui, il est impossible de voir et d'entendre. L'hiatus peut être extrêmement bref, presque imperceptible, mais, s'il n'est pas là, la traduction sera servile ou, au mieux, elle manquera d'élan et d'inspiration. La capacité de lâcher prise, d'abandonner les mots de la langue de départ, permet de saisir l'idée derrière les mots et de recouvrer l'expérience derrière l'idée ; elle donne accès à cette réalité prélinguistique, condition préalable pour que l'expérience et l'idée puissent trouver leur propre formulation dans la langue d'arrivée. Cette étape peut être rapprochée de la famille bouddha, celle qui occupe la place centrale dans le principe du mandala et qui est associée au blanc, à l'espace, à une attitude neutre mais ouverte, à la sagesse qui accepte et accueille tout.

Dans l'étape vajra, il s'agit d'apprivoiser la précision, la rigueur et la clarté, d'analyser les structures non pas en termes purement théoriques, ni non plus « pour la beauté du geste », mais pour résoudre un problème concret : comprendre le texte et produire une traduction fidèle et claire. Bien qu'il soit important de renoncer à l'attachement aux mots et à la phraséologie du texte de départ, on ne peut pourtant pas les oublier complètement et tout reformuler de manière capricieuse. On revient constamment à la syntaxe et au vocabulaire choisis par l'auteur pour voir quels aspects peuvent être retenus tels quels et quels aspects doivent subir une modification pour s'adapter au génie de la langue d'arrivée. On applique d'ailleurs son intellect à chaque phrase du texte, soumettant celui-ci à une analyse systématique et rigoureuse pour faire ressortir les grandes lignes du discours, le contexte qui donne son sens à un détail particulier, qu'il s'agisse d'un mot, d'une forme grammaticale ou d'une tournure. La sagesse de l'énergie vajra est comparée à un miroir en métal bruni, analogie qui symbolise la clarté et la précision.

L'aspect suivant se rattache à la famille ratna. Ici, il s'agit d'acquérir une plus grande humilité et d'ouvrir l'esprit à la richesse et à la diversité du langage. Il m'arrive souvent d'éprouver un sentiment de reconnaissance à l'égard des générations de lexicographes et de grammairiens qui ont consacré leur vie à compiler des dictionnaires unilingues ou bilingues, des grammaires, des manuels de traduction, des guides de style, des encyclopédies, enfin, toutes ces ressources du traducteur qui condensent de façon systématique la magie de l'énoncé et aussi l'alchimie de la traduction. Je m'efforce alors de tirer parti de ces outils précieux contenant le savoir des grands maîtres de l'art, car je m'aperçois qu'en les respectant et en les appréciant à leur juste valeur j'éviterai plus facilement le piège de l'arrogance et ne me croirai pas obligé de réinventer la roue. Dans le fond, la partie « visible » d'une langue, celle qui nous est familière, n'est que la pointe de l'iceberg sémantique ; le locuteur naturel d'une langue, même instruit, est loin de connaître tous les niveaux de sens très complexes des mots les plus courants, sans compter l'immense zone grise des mots plus opaques, ceux qu'il a à peine frôlés, qu'il connaît seulement pour les avoir lus ou entendus un certain nombre de fois, mais dont il n'a fait qu'effleurer le sens. Plus j'avance dans le métier, plus je suis sensible à l'énigme et plus j'accepte d'avoir recours aux outils que nos aînés nous ont légués. Alors qu'au début je me faisais un point d'honneur de ne pas consulter des ouvrages de référence, je n'hésite plus à le faire quand je veux explorer une ligne de pensée, vérifier ou revérifier une hypothèse, chercher une nouvelle inspiration, donner plus de force à un passage ou donner forme à une intuition. La première idée que l'on couche impulsivement sur le papier peut être très séduisante, un véritable « éclair de génie », mais sa spontanéité ne résiste pas toujours à un contrôle plus serré. Ce processus est donc bien moins un apprentissage qu'un déconditionnement, car il s'agit plutôt de désapprendre les réflexes linguistiques naïfs typiques du bilingue qui ne pratique pas la traduction, les tics que tout traducteur traîne inconsciemment avec lui. Chaque fois que je le fais, je découvre que les possibilités de profondeur, d'éclat et de texture d'une langue vont bien plus loin que ce que je pouvais imaginer. Le symbole de l'énergie ratna est le joyau ; son ultime expression est la sagesse de l'équanimité, regard serein jeté sur la richesse foisonnante du savoir, des connaissances et des techniques, regard sensible, reconnaissant et généreux, dépourvu de convoitise devant une telle plénitude.

Dans l'aspect correspondant à la famille padma, on élargit le champ de communication auquel on est habitué, car on ne s'adresse pas à des amis ni à des collègues, mais à un public beaucoup plus vaste. Le parcours vital de chaque traducteur est différent : l'un peut avoir une formation d'intellectuel universitaire alors qu'un autre peut être autodidacte, l'un peut être artiste et poète et un autre aimer les sciences et la technologie, l'un sera fils d'ouvrier, l'autre fils de fonctionnaire. Sachant que son milieu et sa formation conditionnent son langage et le poussent à préférer des formes de pensée et de discours qui ne sont pas toujours celles qui permettent de rendre le mieux possible l'idée que l'auteur a voulu exprimer, on accepte d'abandonner l'attachement à son territoire linguistique et à son identité. Je me suis rendu compte au fil des années que le dialogue et la vision collective qui s'établissent quand je soumets ma version au contrôle d'autres qui n'ont peut-être pas le même point de vue que moi sur la langue ni sur la traduction m'ont aidé à élargir mes horizons et à mieux communiquer, à choisir le style moins en fonction de mes idées préconçues que du message qu'a voulu véhiculer l'auteur. Ce n'est qu'en dépassant mes propres schémas limités de communication que je peux faire passer le message et permettre au public d'entendre la voix de l'auteur dans ma traduction et d'y découvrir le sens caché. L'énergie de la famille padma est celle de la sagesse discriminante, symbolisée par le lotus. Cette image exprime, d'une part, l'idée de beauté, de plaisir, de passion, de douceur : quand on est attiré par quelque chose, on apprend à communiquer avec elle. Elle représente, d'autre part, le discernement, l'aspect de l'esprit qui distingue entre eux les objets du désir et en choisit les meilleurs.

Finalement, je dois apprendre à être efficace, ce qui relève de la famille karma. Il est important de savoir organiser son temps, de respecter les échéances, de négocier avec les clients, de vendre ses services et de se faire valoir. Trouver un rythme de travail qui soit productif tout en privilégiant la qualité. Apprendre en même temps à renoncer non seulement à la paresse, mais aussi au perfectionnisme, savoir donc mettre fin à un processus de révision qui n'a pas de limite inhérente, si bien qu'il faut parfois y donner un coup de hache. Apprendre enfin à se détendre à l'intérieur de l'action, pour ne pas perdre la joie du travail, la créativité ou l'inspiration. Apprendre en somme à accomplir les choses, à les mener à leur terme, à les exécuter mais aussi à les faire fructifier. L'énergie éveillée de la famille karma est la sagesse de l'accomplissement, représentée par une épée au fil tranchant.

Dans cet exposé, j'ai mis l'accent sur la traduction proprement dite, mais il est possible de retrouver les mêmes qualités dans d'autres domaines connexes, et en particulier dans la révision, aspect important du travail de tout traducteur bouddhiste disciple de Trungpa Rinpoché. Celle-ci exige les mêmes capacités d'ouverture, de précision, d'exploration, de communication et d'efficacité que la traduction. Depuis quelques années, les membres du groupe de traduction de Montréal pratiquent une forme de travail d'équipe appelée interrévision, c'est-à-dire que nous nous révisons réciproquement. On entend parfois dire qu'il y a autant de traductions possibles qu'il existe de bons traducteurs, et il est vrai que plusieurs options peuvent être valables et mériter le respect – à l'intérieur de certaines limites techniques de qualité, bien entendu. Cependant, le piège d'une interprétation excessivement personnelle est toujours présent, et la meilleure garantie contre ce piège est ce que Trungpa appelait le *group mind*, compréhension collective des enseignements qui jaillit de la collaboration entre traducteurs, intelligence plus vaste que celle de l'ego individuel. Cette interaction apprend aux traducteurs à transiger et à lâcher prise ; tout en les aidant à se définir, elle leur arrondit les angles et leur enseigne un peu d'humilité.

D'autre part, bien que la pratique du bouddhisme permette au traducteur de dépasser la territorialité crispée et limitante de l'ego et d'accéder – ne serait-ce que par moments – au non-ego, cela ne signifie pas qu'il n'a plus de point de vue ni de préférence linguistique. Le traducteur « neutre » et « objectif » est un mythe, puisque le non-ego, pour s'exprimer, doit toujours passer par l'expérience personnelle, en l'occurrence par le vécu du traducteur. C'est donc cette expérience personnelle qui rend la traduction vivante, mais elle exerce aussi une influence sur les choix que fait le traducteur. On n'échappe pas à son contexte ni à sa personnalité, mais on peut transformer son rapport à ceux-ci, se servir des moyens du bord fournis par l'ego et le domaine dans lequel on œuvre pour toucher à l'absolu et se dépasser, et sur plusieurs fronts en même temps : le travail sur soi, le travail avec les autres et le travail sur le sacré, les trois yanas du bouddhisme tibétain.

***

J'aimerais remercier tous ceux qui m'ont précédé, qui m'ont guidé et qui m'ont accompagné, et en tout premier lieu mon maître le Vidyadhara, le vénérable Chögyam Trungpa Rinpoché. Quand je pense au respect, à l'amour et à l'intérêt qu'a manifestés Trungpa Rinpoché pour un peuple et une culture qui n'étaient pas les siens, je ne puis retenir un élan de gratitude. Ce grand maître tibétain a fait le long et patient cheminement de l'homme médiéval pour rejoindre l'homme occidental du XXe siècle dans tout son vécu historique, et il a su transformer la vie de milliers de personnes, avec beaucoup de sacrifice personnel, mais aussi comme si de rien n'était, comme s'il ne faisait rien que simplement être attentif aux détails de ce qui l'entourait. C'est cela qui fait de son œuvre en Occident un élan civilisateur et c'est aussi cela qui crée l'effet « bombe à retardement » : ses enseignements sont subtils, ils ont été transmis à tant de niveaux différents en même temps, alors le disciple ne cesse jamais de les découvrir – et dans les situations les plus insolites, d'ailleurs. Longtemps après la mort du maître, de nouvelles explosions continuent à se produire périodiquement dans la vie du disciple, lui ouvrant des perspectives inattendues.

Dans la traduction de son œuvre, il me paraît important de retrouver en français une voix aussi proche que possible de celle qu'il avait en anglais, afin de garder l'oralité de son discours. Ceux qui l'ont connu et entendent résonner encore sa voix, ceux qui sont capables de revoir son image et de retrouver le climat qu'il savait créer lorsqu'il enseignait ont, me semble-t-il, un devoir : celui de léguer leurs expériences aux nouvelles générations. Dans quelques décennies, tous ceux qui ont connu Trungpa seront morts et la relève n'aura plus que la tradition orale (même si elle est écrite ou audiovisuelle de nos jours). La traduction revêt une importance capitale dans la transmission de cette tradition à ceux qui ne parlent pas l'anglais. J'espère que le fait de l'avoir connu personnellement, d'être son disciple et d'être traducteur de métier me donnera les moyens nécessaires pour traduire sa vision dans une autre langue et partager avec d'autres une partie de ce que j'ai reçu.

Pour traduire Trungpa, il est indispensable de rester très près des sources premières et de ne pas essayer de rafistoler son langage ni de remanier son discours. Ceux qui l'ont connu savent jusqu'à quel point il évitait le ton empesé, solennel ou professoral et la logique linéaire cousue de fil blanc. Parfois, son raisonnement n'entre que difficilement dans les moules auxquels nous sommes habitués, mais il n'en demeure pas moins profond et subtil. Par ailleurs, même si son désir intense de communiquer avec le public occidental l'amenait à aborder les sujets les plus philosophiques avec énormément d'humour et de simplicité, son registre ne se limitait pas à une notion conventionnelle du langage qu'un « sage » se doit d'adopter. Il pouvait être tour à tour sublime, vulgaire, drôle, sérieux, touchant, mordant et, surtout, très ordinaire. En bon pédagogue, il n'hésitait pas à dire des choses inouïes et à agir de manière ahurissante si son but didactique était de dérouter, de choquer ou de troubler un auditoire préférant se faire dorloter par des poncifs gentillets qui ne l'obligent pas à se remettre en question, à réfléchir, ni à se dépasser. Son propre maître ne le lui avait-il pas dit avant de mourir : « Un jour, tu quitteras le Tibet pour aller enseigner en Occident. Il te faudra beaucoup de moyens habiles, car tu y trouveras des êtres qui s'intéressent plus à rester endormis qu'à s'éveiller » ?

Je suis également très reconnaissant envers M. Stéphane Bédard, traducteur comme moi et ami de longue date, avec qui je pratique l'interrévision depuis nombre d'années. J'ai énormément appris à son contact. Ses nombreuses suggestions et mises au point m'ont été très utiles dans la traduction de ce livre et m'ont aidé à retravailler certains passages dans le sens de la clarté et de la précision. Un aspect intéressant de mon rapport avec d'autres traducteurs bouddhistes et disciples de Trungpa Rinpoché est que, même si nous sommes d'accord sur l'essentiel, disons peut-être quatre-vingt-dix pour cent, il reste néanmoins dix pour cent de divergence. Et c'est normal, puisqu'il y a toujours une légère dissemblance dans la façon dont chacun entend la voix du maître en lui. Cela donne lieu à une discussion très dynamique et permet l'existence d'une tension créatrice, source d'enrichissement et d'inspiration réciproques.

J'aimerais également exprimer ma gratitude à Mme Suzanne Côté, qui a relu la version finale de ma traduction, m'a signalé certains passages obscurs et m'a fait réfléchir sur le choix de certains termes. Je tiens aussi à remercier Mme Puck Kasma et Mme Esther Rochon, qui ont lu le premier jet de cette postface, et dont l'enthousiasme et les critiques m'ont stimulé à pousser certaines réflexions plus loin. Finalement, je voudrais remercier M. Vincent Bardet, éditeur de la collection « Points Sagesses », avec qui j'entretiens une correspondance depuis plus de quinze ans et qui m'a donné appui et encouragement.

A propos de l'auteur

Le vénérable Chögyam Trungpa est né dans la province de Kham, au Tibet oriental, en 1940. Il n'avait que treize mois lorsqu'il fut reconnu comme *tülku*, ou maître incarné, de premier plan. Selon la tradition tibétaine, un maître éveillé – homme ou femme – peut, de par son vœu de compassion, se réincarner sous forme humaine pendant de nombreuses générations consécutives. Avant de mourir, un tel maître laisse une lettre ou un autre indice quant à l'endroit où l'on pourra trouver la prochaine réincarnation. Un peu plus tard, des élèves et d'autres maîtres accomplis étudient ces indices et, en se fondant sur un examen attentif de rêves et de visions, font des recherches en vue de découvrir et de reconnaître le successeur. C'est ainsi que des lignées d'enseignements sont établies et peuvent même, dans certains cas, s'étendre sur plusieurs siècles. Chögyam Trungpa était le onzième maître de la lignée des tülkus Trungpa.

Une fois reconnus, les jeunes tülkus amorcent une période de formation intensive, afin d'apprendre la théorie et la pratique des enseignements bouddhiques. Trungpa Rinpoché[1], après avoir été intronisé supérieur suprême des monastères de Surmang et gouverneur du district du même nom, commence une période de formation qui devait durer dix-huit ans, jusqu'à son départ du Tibet, en 1959. En tant que tülku kagyü, Trungpa reçoit une formation fondée sur la pratique systématique de la méditation et sur une étude théorique subtile de la philosophie bouddhique. Comptant parmi les quatre

1. Terme honorifique signifiant « précieux ».

grandes lignées du Tibet, la lignée kagyü est connue sous le nom de « lignée de la pratique ».

A l'âge de huit ans, Trungpa Rinpoché est ordonné moine novice. Il amorce dès lors l'étude et la pratique intensives des disciplines monacales traditionnelles, de même que celle de divers arts, telles la calligraphie, la peinture de *thangkas* et la danse monastique. Ses principaux maîtres sont Jamgön Kongtrül de Sechen et Khenpo Kangshar, maîtres de premier plan des lignées kagyü et nyingma. En 1958, il n'a que dix-huit ans lorsqu'il termine ses études et reçoit les titres de *kyorpön* (docteur en théologie) et de *khenpo* (maître d'études). La même année, il est ordonné moine.

De grands bouleversements marquent la fin des années cinquante au Tibet. Comme il est évident que les communistes chinois ont l'intention de prendre le pouvoir par les armes, de nombreuses personnes – moines, moniales et laïcs – décident de fuir le Tibet. Trungpa Rinpoché commence alors un long et pénible voyage de plusieurs mois pour franchir à pied les montagnes de l'Himalaya, dont on peut lire les péripéties dans son ouvrage *Né au Tibet*[1]. Après avoir échappé de justesse aux Chinois, il arrive enfin en Inde en 1959. Une fois en Inde, Sa Sainteté Tenzin Gyatso, quatorzième dalaï-lama, le nomme conseiller spirituel de la Young Lamas Home School, située à Dalhousie (Inde). Il occupe cette fonction de 1959 à 1963.

Il reçoit ensuite une bourse de la fondation Spaulding pour poursuivre des études à Oxford ; ce sera pour lui l'occasion de faire une première rencontre avec l'Occident. A Oxford, il étudie la religion comparée, la philosophie et les beaux-arts. Il s'intéresse aussi à la composition florale d'inspiration japonaise, ou ikebana, et reçoit un diplôme d'instructeur de l'école Sogetsu. C'est en Angleterre que Trungpa Rinpoché commence à enseigner le dharma – les enseignements du Bouddha – à des Occidentaux. En 1968, il fonde, avec Akong Tülku, le centre de méditation de Samyé Ling, dans le

1. *Né au Tibet*, Paris, Éd. du Seuil, coll. « Points Sagesses », 1991 *(N.d. T.)*.

Dumfriesshire (Écosse). Au cours de cette période, il publie également deux ouvrages en anglais : *Born in Tibet* et *Meditation in Action*[1].

En 1969, il se rend au Bhoutan pour y faire une retraite dans la solitude. Cette retraite marquera un tournant dans son approche de l'enseignement. En effet, dès sa sortie de retraite, il se fait laïc, met de côté sa robe de moine et s'habille de vêtements occidentaux ordinaires. Il épouse également une jeune Anglaise et quitte l'Écosse en sa compagnie pour s'établir en Amérique du Nord. Nombre de ses premiers élèves sont choqués et troublés par ces changements. Il est convaincu toutefois que si les enseignements doivent prendre racine en Occident, le dharma doit être enseigné sans pièges culturels et sans fascination religieuse.

Au cours des années soixante-dix, l'Amérique vit une période d'effervescence politique et culturelle. C'est l'époque où l'Orient exerce sa fascination. Trungpa Rinpoché critique l'approche matérialiste et commercialisée de la spiritualité qu'il y trouve, la décrivant comme un « supermarché spirituel ». Dans ses conférences et ses livres intitulés *Pratique de la voie tibétaine* et *Le Mythe de la liberté*[2], il montre que la manière de trancher net dans ces distorsions du voyage spirituel est d'établir un lien avec l'aspect direct et simple de la pratique de la méditation.

Au cours des dix-sept années où il enseigne en Amérique du Nord, Trungpa Rinpoché acquiert une réputation de maître à la fois dynamique et controversé. Parlant l'anglais couramment, il est l'un des premiers lamas à s'adresser directement aux étudiants occidentaux sans l'aide d'un interprète. Lors de ses multiples voyages en Amérique du Nord et en Europe, il donne des centaines de causeries et de séminaires. En outre, il établit des centres d'envergure au Vermont, au Colorado et en Nouvelle-Écosse, de même que de

1. *Méditation et Action*, Paris, Éd. du Seuil, coll. « Points Sagesses », 1981 *(N.d. T.)*.

2. Paris, Éd. du Seuil, coll. « Points Sagesses », 1976 et 1979 respectivement.

nombreux centres d'études et de méditation plus modestes dans un grand nombre de villes d'Amérique du Nord et d'Europe. Fondé en 1973, Vajradhatu constitue le centre administratif de ce réseau.

En 1974, Trungpa Rinpoché fonde le Naropa Institute, maintenant devenu la première université d'inspiration bouddhique reconnue par l'État en Amérique du Nord. Il donne de nombreuses causeries à l'institut et son ouvrage *Voyage sans fin*[1] est fondé sur un cours qu'il y a donné. En 1976, il met sur pied l'apprentissage shambhala, ensemble de stages où l'on donne – sur plusieurs week-ends ou sur une période plus longue – des instructions sur la pratique de la méditation dans un contexte laïque. L'ouvrage de Trungpa intitulé *Shambhala, la voie sacrée du guerrier*[2] donne une vue d'ensemble de ces enseignements.

Trungpa s'intéressait activement aussi au domaine de la traduction. En 1975, il publie, avec la collaboration de Francesca Fremantle, une nouvelle traduction du *Livre des morts tibétain.* Un peu plus tard, il forme le Nalanda Translation Committee dont la vocation est de traduire des textes et des liturgies pour ses propres élèves, de même que de faire connaître au grand public des ouvrages d'importance.

On connaît aussi son intérêt pour les arts et notamment l'intuition pénétrante avec laquelle il établissait une relation entre discipline contemplative et processus artistique. En tant qu'artiste, il a fait de la calligraphie, de la peinture, de l'ikebana, de la poésie, des pièces de théâtre et des aménagements d'espace dharmiques. En outre, il a créé au Naropa Institute une atmosphère d'apprentissage qui attira de nombreux artistes et poètes de premier plan. L'exploration du processus créateur à la lumière de l'approche contemplative se poursuit à l'institut et suscite toujours un dialogue qui donne à réfléchir. Il a publié deux recueils de poèmes : *Mudra* et *First Thought Best Thought.*

Au cours de ses dix-sept années d'enseignement en Amé-

1. Paris, Éd. du Seuil, coll. « Points Sagesses », 1992.
2. Paris, Éd. du Seuil, coll. « Points Sagesses », 1990.

rique du Nord, il a conçu avec adresse les structures nécessaires pour assurer à ses élèves une formation dharmique complète et systématique. Des causeries d'introduction aux cours et aux retraites pour groupes d'élèves avancés, ces programmes mettent l'accent sur l'importance d'équilibrer l'étude et la pratique, l'intellect et l'intuition. Grâce à ces multiples occasions de formation, des élèves de tous les niveaux ont accès à la méditation et à la voie bouddhiques. Ce sont les élèves de longue date de Trungpa Rinpoché qui enseignent ces cours et y donnent des instructions en méditation. Au lieu de se limiter aux nombreux enseignements rattachés à la tradition bouddhique, Trungpa a également beaucoup insisté sur les enseignements de la tradition de Shambhala, qui mettent l'accent sur l'importance de la formation de l'esprit – comme élément distinct de la pratique religieuse –, la participation à la vie communautaire et la création d'une société éveillée, de même que sur la nécessité d'apprécier la vie quotidienne.

Trungpa Rinpoché est décédé en 1987, à l'âge de 47 ans. Sa femme, Diana, et cinq fils lui survivent. Au moment de sa mort, il était considéré comme une figure de proue pour ce qui est de l'introduction du dharma en Occident. Comme il appréciait grandement la culture occidentale et qu'il comprenait à fond sa propre tradition, il a pu adopter une approche révolutionnaire pour transmettre le dharma, selon laquelle il présentait les enseignements les plus anciens et les plus profonds d'une manière parfaitement contemporaine. Il était reconnu pour l'intrépidité avec laquelle il proclamait le dharma : sans hésitations, fidèle à la pureté de la tradition et avec une fraîcheur totale. Que ces enseignements prennent racine et se propagent pour le bien des êtres doués de sensibilité !

Renseignements sur les centres de méditation

Pour obtenir de plus amples renseignements sur la méditation et pour savoir s'il existe un centre de dharma près de chez vous, prière de communiquer avec un des centres suivants :

Centre Shambhala France
114 rue du Chemin-Vert
75011 Paris
Tél. : 47 00 35 47

Centre Shambhala de Montréal
5505 boulevard Saint-Laurent
porte 5000
Montréal (Québec) H2T 156
Tél. : (514) 279-9115

Centre Shambhala Europe
Zwetchenweg 23
D-3550 Marburg
Allemagne
Tél. : (49-6421) 46363

Centre Shambhala international
1084 Tower Road
Halifax, Nouvelle-Écosse B3H 2Y5
Canada
Tél. : (902) 425-4275

Un grand nombre de conférences et de séminaires ont été transcrits sur cassettes. On peut obtenir des renseignements en communiquant avec :

Vajradhatu Recordings
1084 Tower Road
Halifax, NS B3H 2Y5
Canada
Tél. : (902) 421-1550

Index

Table

Du même auteur

AUX MÊMES ÉDITIONS

dans la même collection

Pratique de la voie tibétaine
Au-delà du matérialisme spirituel, *n° 2, 1976*

Le Mythe de la liberté
et la Voie de la méditation, *n° 18, 1979*

Méditation et Action, *n° 26, 1981*
(épuisé)

Shambhala
La Voie sacrée du guerrier, *n° 37, 1990*

Né au Tibet, *n° 41, 1991*

Voyage sans fin
La Sagesse tantrique du Bouddha, *n° 48, 1992*

Folle sagesse, *n° 61, 1993*

Bardo
Au-delà de la folie, *n° 85, 1995*

Tantra
La Voie de l'ultime, *n° 105, 1996*

Jeu d'illusion
Vie et enseignement de Naropa, *n° 118, 1997*

L'Entraînement de l'esprit
et l'Apprentissage de la bienveillance, n° 129, 1998

hors collection

Le Cœur du sujet, *1993*

La Sagesse de Shambhala, *2002*

sur le même sujet

Le Monde sacré de Shambhala
Pratique de la voie du guerrier
Dans la vie quotidienne, *1998*
Jeremy Hayward

Trungpa, *2002*
Fabrice Midal

RÉALISATION : PAO ÉDITIONS DU SEUIL
IMPRESSION : NORMANDIE ROTO-IMPRESSION S.A.S. À LONRAI (10-02)
DÉPÔT LÉGAL : MAI 1994. N° 17781-2 (02-2491) - IMPRIMÉ EN FRANCE

Collection Points

SÉRIE SAGESSES

dirigée par Vincent Bardet et Jean-Louis Schlegel

Sa1. Paroles des anciens. Apophtegmes des Pères du désert *par Jean-Claude Guy*
Sa2. Pratique de la voie tibétaine *par Chögyam Trungpa*
Sa3. Célébration hassidique, *par Elie Wiesel*
Sa4. La Foi d'un incroyant, *par Francis Jeanson*
Sa5. Le Bouddhisme tantrique du Tibet, *par John Blofeld*
Sa6. Le Mémorial des saints, *par Farid-ud-D'in' Attar*
Sa7. Comprendre l'Islam, *par Frithjof Schuon*
Sa8. Esprit zen, esprit neuf, *par Shunryu Suzuki*
Sa9. La Bhagavad Gîtâ, *traduction et commentaires par Anne-Marie Esnoul et Olivier Lacombe*
Sa10. Qu'est-ce que le soufisme ?, *par Martin Lings*
Sa11. La Philosophie éternelle, *par Aldous Huxley*
Sa12. Le Nuage d'inconnaissance *traduit de l'anglais par Armel Guerne*
Sa13. L'Enseignement du Bouddha, *par Walpola Rahula*
Sa14. Récits d'un pèlerin russe, *traduit par Jean Laloy*
Sa15. Le Nouveau Testament *traduit par Émile Osty et Joseph Trinquet*
Sa16. La Voie et sa vertu. Tao-tê-king, *par Lao-tzeu*
Sa17. L'Imitation de Jésus-Christ, *traduit par Lamennais*
Sa18. Le Mythe de la liberté, *par Chögyam Trungpa*
Sa19. Le Pèlerin russe, trois récits inédits
Sa20. Petite Philocalie de la prière du cœur *traduit et présenté par Jean Gouillard*
Sa21. Le Zohar, *extraits choisis et présentés par Gershom G. Scholem*
Sa22. Les Pères apostoliques *traduction et introduction par France Quéré*
Sa23. Vie et Enseignement de Tierno Bokar *par Amadou Hampaté Bâ*
Sa24. Entretiens de Confucius, *traduction par Anne Cheng*
Sa25. Sept Upanishads, *par Jean Varenne*
Sa26. Méditation et Action, *par Chögyam Trungpa*
Sa27. Œuvres de saint François d'Assise
Sa28. Règles des moines, *introduction et présentation par Jean-Pie Lapierre*
Sa29. Exercices spirituels par saint Ignace de Loyola *traduction et commentaires par Jean-Claude Guy*

Sa30. La Quête du Graal, *présenté et établi par Albert Béguin et Yves Bonnefoy*
Sa31. Confessions de saint Augustin *traduction par Louis de Mondadon*
Sa32. Les Prédestinés, *par Georges Bernanos*
Sa33. Les Hommes ivres de Dieu, *par Jacques Lacarrière*
Sa34. Évangiles apocryphes, *par France Quéré*
Sa35. La Nuit obscure, *par saint Jean de la Croix traduction du P. Grégoire de Saint-Joseph*
Sa36. Découverte de l'Islam, *par Roger Du Pasquier*
Sa37. Shambhala, *par Chögyam Trungpa*
Sa38. Un saint soufi du XXe siècle, *par Martin Lings*
Sa39. Le Livre des visions et instructions, *par Angèle de Foligno*
Sa40. Paroles du Bouddha, *traduit du chinois par Jean Eracle*
Sa41. Né au Tibet, *par Chögyam Trungpa*
Sa42. Célébration biblique, *par Elie Wiesel*
Sa43. Les Mythes platoniciens, *par Geneviève Droz*
Sa44. Dîwân, *par Husayn Mansûr Hallâj*
Sa45. Questions zen, *par Philip Kapleau*
Sa46. La Voie du samouraï, *par Thomas Cleary*
Sa47. Le Prophète *et* Le Jardin du Prophète, *par Khalil Gibran*
Sa48. Voyage sans fin, *par Chögyam Trungpa*
Sa49. De la mélancolie, *par Romano Guardini*
Sa50. Essai sur l'expérience de la mort *par Paul-Louis Landsberg*
Sa51. La Voie du karaté, *par Kenji Tokitsu*
Sa52. Le Livre brûlé, *par Marc-Alain Ouaknin*
Sa53. Shiva, *traduction et commentaires d'Alain Porte*
Sa54. Retour au silence, *par Dainin Katagiri*
Sa55. La Voie du Bouddha, *par Kyabdjé Kalou Rinpoché*
Sa56. Vivre en héros pour l'éveil, *par Shantideva*
Sa57. Hymne de l'univers, *par Pierre Teilhard de Chardin*
Sa58. Le Milieu divin, *par Pierre Teilhard de Chardin*
Sa59. Les Héros mythiques et l'Homme de toujours *par Fernand Comte*
Sa60. Les Entretiens de Houang-po *présentation et traduction de Patrick Carré*
Sa61. Folle Sagesse, *par Chögyam Trungpa*
Sa62. Mythes égyptiens, *par George Hart*
Sa63. Mythes nordiques, *par R. I. Page*
Sa64. Nul n'est une île, *par Thomas Merton*
Sa65. Écrits mystiques des Béguines, *par Hadewijch d'Anvers*
Sa66. La Liberté naturelle de l'esprit, *par Longchenpa*
Sa67. La Sage aux champignons sacrés, *par Maria Sabina*
Sa68. La Mystique rhénane, *par Alain de Libera*
Sa69. Mythes de la Mésopotamie, *par Henrietta McCall*
Sa70. Proverbes de la sagesse juive, *par Victor Malka*

Sa71. Mythes grecs, *par Lucilla Burn*
Sa72. Écrits spirituels d'Abd el-Kader
présentés et traduits de l'arabe par Michel Chodkiewicz
Sa73. Les Fioretti de saint François
introduction et notes d'Alexandre Masseron
Sa74. Mandala, *par Chögyam Trungpa*
Sa75. La Cité de Dieu
1. Livres I à X, *par saint Augustin*
Sa76. La Cité de Dieu
2. Livres XI à XVII, *par saint Augustin*
Sa77. La Cité de Dieu
3. Livres XVIII à XXII, *par saint Augustin*
Sa78. Entretiens avec un ermite de la sainte Montagne
sur la prière du cœur, *par Hiérothée Vlachos*
Sa79. Mythes perses, *par Vesta Sarkhosh Curtis*
Sa80. Sur le vrai bouddhisme de la Terre Pure, *par Shinran*
Sa81. Le Tabernacle des Lumières, *par Ghazâlî*
Sa82. Le Miroir du cœur. Tantra du Dzogchen
traduit du tibétain et commenté par Philippe Cornu
Sa83. Yoga, *par Tara Michaël*
Sa84. La Pensée hindoue, *par Émile Gathier*
Sa85. Bardo. Au-delà de la folie, *par Chögyam Trungpa*
Sa86. Mythes aztèques et mayas, *par Karl Taube*
Sa87. Partition rouge, *par Florence Delay et Jacques Roubaud*
Sa88. Traité du Milieu, *par Nagarjuna*
Sa89. Construction d'un château, *par Robert Misrahi*
Sa90. Mythes romains, *par Jane F. Gardner*
Sa91. Le Cantique spirituel, *par saint Jean de la Croix*
Sa92. La Vive Flamme d'amour, *par saint Jean de la Croix*
Sa93. Philosopher par le Feu, *par Françoise Bonardel*
Sa94. Le Nouvel Homme, *par Thomas Merton*
Sa95. Vivre en bonne entente avec Dieu, *par Baal-Shem-Tov*
paroles recueillies par Martin Buber
Sa96. Être plus, *par Pierre Teilhard de Chardin*
Sa97. Hymnes de la religion d'Aton
traduits de l'égyptien et présentés par Pierre Grandet
Sa98. Mythes celtiques, *par Miranda Jane Green*
Sa99. Le Soûtra de l'estrade du Sixième Patriarche Houei-neng
par Fa-hai
Sa100. Vie écrite par elle-même, *par Thérèse d'Avila*
Sa101. Seul à seul avec Dieu, *par Janusz Korczak*
Sa102. L'Abeille turquoise, *par Tsangyang Gyatso*
chants d'amour présentés et traduits par Zéno Bianu
Sa103. La Perfection de sagesse
traduit du tibétain par Georges Driessens
sous la direction de Yonten Gyatso
Sa104. Le Sentier de rectitude, *par Moïse Hayyim Luzzatto*

Sa105. Tantra. La voie de l'ultime, *par Chögyam Trungpa*
Sa106. Les Symboles chrétiens primitifs, *par Jean Daniélou*
Sa107. Le Trésor du cœur des êtres éveillés, *par Dilgo Khyentsé*
Sa108. La Flamme de l'attention, *par Krishnamurti*
Sa109. Proverbes chinois, *par Roger Darrobers*
Sa110. Les Récits hassidiques, tome 1, *par Martin Buber*
Sa111. Les Traités, *par Maître Eckhart*
Sa112. Krishnamurti, *par Zéno Bianu*
Sa113. Les Récits hassidiques, tome 2, *par Martin Buber*
Sa114. Ibn Arabî et le Voyage sans retour, *par Claude Addas*
Sa115. Abraham ou l'Invention de la foi, *par Guy Lafon*
Sa116. Padmasambhava, *par Philippe Cornu*
Sa117. Socrate, *par Micheline Sauvage*
Sa118. Jeu d'illusion, *par Chögyam Trungpa*
Sa119. La Pratique de l'éveil de Tipola à Trungpa
par Fabrice Midal
Sa120. Cent Éléphants sur un brin d'herbe, *par le Dalaï-Lama*
Sa121. Tantra de l'union secrète, *par Yonten Gyatso*
Sa122. Le Chant du Messie, *par Michel Bouttier*
Sa123. Sermons et Oraisons funèbres, *par Bossuet*
Sa124. Qu'est-ce que le hassidisme ?, *par Haïm Nisenbaum*
Sa125. Dernier Journal, *par Krishnamurti*
Sa126. L'Art de vivre. Méditation Vipassaná
enseignée par S. N. Goenka, *par William Hart*
Sa127. Le Château de l'âme, *par Thérèse d'Avila*
Sa128. Sur le Bonheur / Sur l'Amour
par Pierre Teilhard de Chardin
Sa129. L'Entraînement de l'esprit
et l'Apprentissage de la bienveillance
par Chögyam Trungpa
Sa130. Petite Histoire du Tchan, *par Nguên Huu Khoa*
Sa131. Le Livre de la piété filiale, *par Confucius*
Sa132. Le Coran, *traduit par Jean Grosjean*
Sa133. L'Ennuagement du cœur, *par Rûzbehân*
Sa134. Les Plus Belles Légendes juives, *par Victor Malka*
Sa135. La Fin'amor, *par Jean-Claude Marol*
Sa136. L'Expérience de l'éveil, *par Nan Huai-Chin*
Sa137. La Légende dorée, *par Jacques de Voragine*
Sa138. Paroles d'un soufi, *par Kharaqânî*
Sa139. Jérémie, *par André Neher*
Sa140. Comment je crois, *par Pierre Teilhard de Chardin*
Sa141. Man-Fei-tse ou le Tao du prince, *par Han Fei*
Sa142. Connaître, soigner, aimer, *par Hippocrate*
Sa143. La parole est un monde, *par Anne Stamm*
Sa144. El Dorado, *par Zéno Bianu et Luis Mizón*
Sa145. Les Alchimistes, *par Michel Caron et Serge Hutin*
Sa146. Le Livre de la Cour Jaune, *par Patrick Carré*

Sa147. Du bonheur de vivre et de mourir en paix
par Sa Sainteté le Dalaï-Lama
Sa148. Science et Christ, *par Pierre Teilhard de Chardin*
Sa149. L'Enseignement de Sri Aurobindo
par Madhav P. Pandit
Sa150. Le Traité de Bodhidharma
anonyme, traduit et commenté par Bernard Faure
Sa151. Les Prodiges de l'esprit naturel,
par Tenzin Wangyal
Sa152. Mythes et Dieux tibétains, *par Fabrice Midal*
Sa153. Maître Eckhart et la mystique rhénane
par Jeanne Ancelet-Mustache
Sa154. Le Yoga de la sagesse
par Sa Sainteté le Dalaï Lama
Sa155. Conseils au roi, *par Nagarjuna*
Sa156. Gandhi et la non-violence, *par Suzanne Lassier*
Sa157. Chants mystiques du tantrisme cachemirien, *par Lalla*
Sa158. Saint François d'Assise et l'esprit franciscain
par Ivan Gobry
Sa159. La Vie, *par Milarepa*
Sa160. L'Avenir de l'Homme
par Pierre Teilhard de Chardin
Sa161. La Méditation en Orient et en Occident
par Hans Waldenfels
Sa162. Les Entretiens du Bouddha, *par Mohan Wijayaratna*
Sa163. Saint Benoît et la vie monastique
par Claude Jean-Nesmy
Sa164. L'Esprit du Tibet, *par Khientsé Rinpoché Dilgo*
Matthieu Ricard
Sa165. Dieu et Moi, *par Aldous Huxley*
Sa166. Les Dernières Paroles de Krishna, *anonyme*
Sa167. Yi-King, par Thomas Cleary, *Lieou Yi-Ming*
Sa168. St Grégoire Palamas et la Mystique orthodoxe
par Jean Meyendorff
Sa169. Paraboles celtiques, *par Robert Van de Weyer*
Sa170. Le Livre des dialogues, *par Catherine de Sienne*
Sa171. Les Cendres du Bouddha, *par Seung Sahn*
Sa172. Conseils spirituels aux bouddhistes et aux chrétiens
par Sa Sainteté le Dalaï-Lama
Sa173. Charles de Foucault et la Fraternité
par Denise et Robert Barrat
Sa174. Préceptes de vie issus de la sagesse amérindienne
par Jean-Paul Bourre
Sa175. Préceptes de vie issus des guerriers de lumière
par Jean-Paul Bourre
Sa176. L'Énergie humaine, *par Pierre Teilhard de Chardin*
Sa177. Dhammapada, *traduit par Le Dong*